Utilize este código QR para se cadastrar de forma mais rápida:

Ou, se preferir, entre em:
www.moderna.com.br/ac/livroportal
e siga as instruções para ter acesso aos conteúdos exclusivos do
Portal e Livro Digital

CÓDIGO DE ACESSO:
A 00043 BUPARTE1E 5 04687

Faça apenas um cadastro. Ele será válido para:

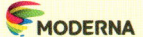

MODERNA   Richmond   SANTILLANA ESPAÑOL

12113292 BURITI PLUS ARTE 5

CB053101

Da semente ao livro,
sustentabilidade por todo o caminho

Plantar florestas
A madeira que serve de matéria-prima para nosso papel vem de plantio renovável, ou seja, não é fruto de desmatamento. Essa prática gera milhares de empregos para agricultores e ajuda a recuperar áreas ambientais degradadas.

Fabricar papel e imprimir livros
Toda a cadeia produtiva do papel, desde a produção de celulose até a encadernação do livro, é certificada, cumprindo padrões internacionais de processamento sustentável e boas práticas ambientais.

Criar conteúdos
Os profissionais envolvidos na elaboração de nossas soluções educacionais buscam uma educação para a vida pautada por curadoria editorial, diversidade de olhares e responsabilidade socioambiental.

Construir projetos de vida
Oferecer uma solução educacional Moderna é um ato de comprometimento com o futuro das novas gerações, possibilitando uma relação de parceria entre escolas e famílias na missão de educar!

MODERNA

Apoio: TWO SIDES
www.twosides.org.br

Fotografe o Código QR e conheça melhor esse caminho.
Saiba mais em *moderna.com.br/sustentavel*

Taciro Comunicação, Alexandre Santana e Estúdio Pingado

BURITI Plus ARTE 5

PROJETO Buriti

Organizadora: Editora Moderna
Obra coletiva concebida, desenvolvida e produzida pela Editora Moderna.

Editora Executiva:
Marisa Martins Sanchez

DE ACORDO COM A BNCC

NOME: ....
....TURMA: ....
ESCOLA: ....
....

1ª edição

ABDR
CÓPIA NÃO AUTORIZADA É CRIME
ASSOCIAÇÃO BRASILEIRA DE DIREITOS REPROGRÁFICOS
RESPEITE O DIREITO AUTORAL

MODERNA

© Editora Moderna, 2018

MODERNA

Elaboração dos originais:

Ligia Aparecida Ricetto
Licenciada em Pedagogia pela Universidade Paulista. Editora.

Francione Oliveira Carvalho
Bacharel em Artes Cênicas pela Faculdade de Artes do Paraná. Licenciado em Educação Artística, com habilitação na disciplina de Artes Cênicas, pelo Centro Universitário Belas Artes de São Paulo. Mestre e doutor em Educação, Arte e História da Cultura pela Universidade Presbiteriana Mackenzie. Pesquisador do Diversitas – Núcleo de Estudos das Diversidades, Intolerâncias e Conflitos da FFLCH/USP, onde realizou pós-doutoramento. Atua no Ensino Superior na formação de professores.

Marisa Martins Sanchez
Licenciada em Letras pelas Faculdades São Judas Tadeu. Professora de Português em escolas públicas e particulares de São Paulo por 11 anos. Editora.

Samir Thomaz
Bacharel em Comunicação Social pela Faculdade Cásper Líbero. Autor de obras de ficção e não ficção para o público juvenil e adulto. Editor.

Jogo de apresentação das *7 atitudes para a vida*
Gustavo Barreto
Formado em Direito pela Pontifícia Universidade Católica (SP). Pós-graduado em Direito Civil pela mesma instituição. Autor dos jogos de tabuleiro (*boardgames*) para o público infantojuvenil: Aero, Tinco, Dark City e Curupaco.

Coordenação editorial: Ligia Aparecida Ricetto
Edição de texto: Ligia Aparecida Ricetto, Leonilda Pereira Simões
Gerência de *design* e produção gráfica: Everson de Paula
Coordenação de produção: Patricia Costa
Suporte administrativo editorial: Maria de Lourdes Rodrigues
Coordenação de *design* e projetos visuais: Marta Cerqueira Leite
Projeto gráfico: Daniel Messias, Daniela Sato, Mariza de Souza Porto
Capa: Daniel Messias, Otávio dos Santos, Mariza de Souza Porto, Cristiane Calegaro
Ilustração de capa: Raul Aguiar
Coordenação de arte: Wilson Gazzoni Agostinho
Edição de arte: Renata Susana Rechberger
Editoração eletrônica: Grapho Editoração
Coordenação de revisão: Elaine C. del Nero
Revisão: Denise Almeida, Renato Bacci, Salete Brentan, Vera Rodrigues
Coordenação de pesquisa iconográfica: Luciano Baneza Gabarron
Pesquisa iconográfica: Carol Böck, Maria Marques
Coordenação de *bureau*: Rubens M. Rodrigues
Tratamento de imagens: Fernando Bertolo, Marina M. Buzzinaro, Luiz Carlos Costa, Joel Aparecido
Pré-impressão: Alexandre Petreca, Everton L. de Oliveira, Marcio H. Kamoto, Vitória Sousa
Coordenação de produção industrial: Wendell Monteiro
Impressão e acabamento: EGB Editora Gráfica Bernardi Ltda.
Lote: 276460

Dados Internacionais de Catalogação na Publicação (CIP)
(Câmara Brasileira do Livro, SP, Brasil)

Buriti plus arte / organizadora Editora Moderna ; obra coletiva concebida, desenvolvida e produzida pela Editora Moderna . — 1. ed. — São Paulo : Moderna, 2018. (Projeto Buriti)

Obra em 5 v. para alunos do 1º ao 5º ano.

1. Arte (Ensino fundamental) I. Série.

18-16396   CDD-372.5

Índices para catálogo sistemático:
1. Arte : Ensino fundamental   372.5

Maria Alice Ferreira — Bibliotecária — CRB-8/7964

ISBN 978-85-16-11329-2 (LA)
ISBN 978-85-16-11330-8 (GR)

Reprodução proibida. Art. 184 do Código Penal e Lei 9.610 de 19 de fevereiro de 1998.
Todos os direitos reservados

EDITORA MODERNA LTDA.
Rua Padre Adelino, 758 – Belenzinho
São Paulo – SP – Brasil – CEP 03303-904
Vendas e Atendimento: Tel. (0_ _11) 2602-5510
Fax (0_ _11) 2790-1501
www.moderna.com.br
2018
Impresso no Brasil

1 3 5 7 9 10 8 6 4 2

Que tal começar o ano conhecendo seu livro?

Veja nas páginas 6 e 7 como ele está organizado.

Nas páginas 8 e 9, você fica sabendo os assuntos que vai estudar.

Neste ano, também vai conhecer e colocar em ação algumas atitudes que ajudarão você a conviver melhor com as pessoas e a solucionar problemas.

7 atitudes para a vida

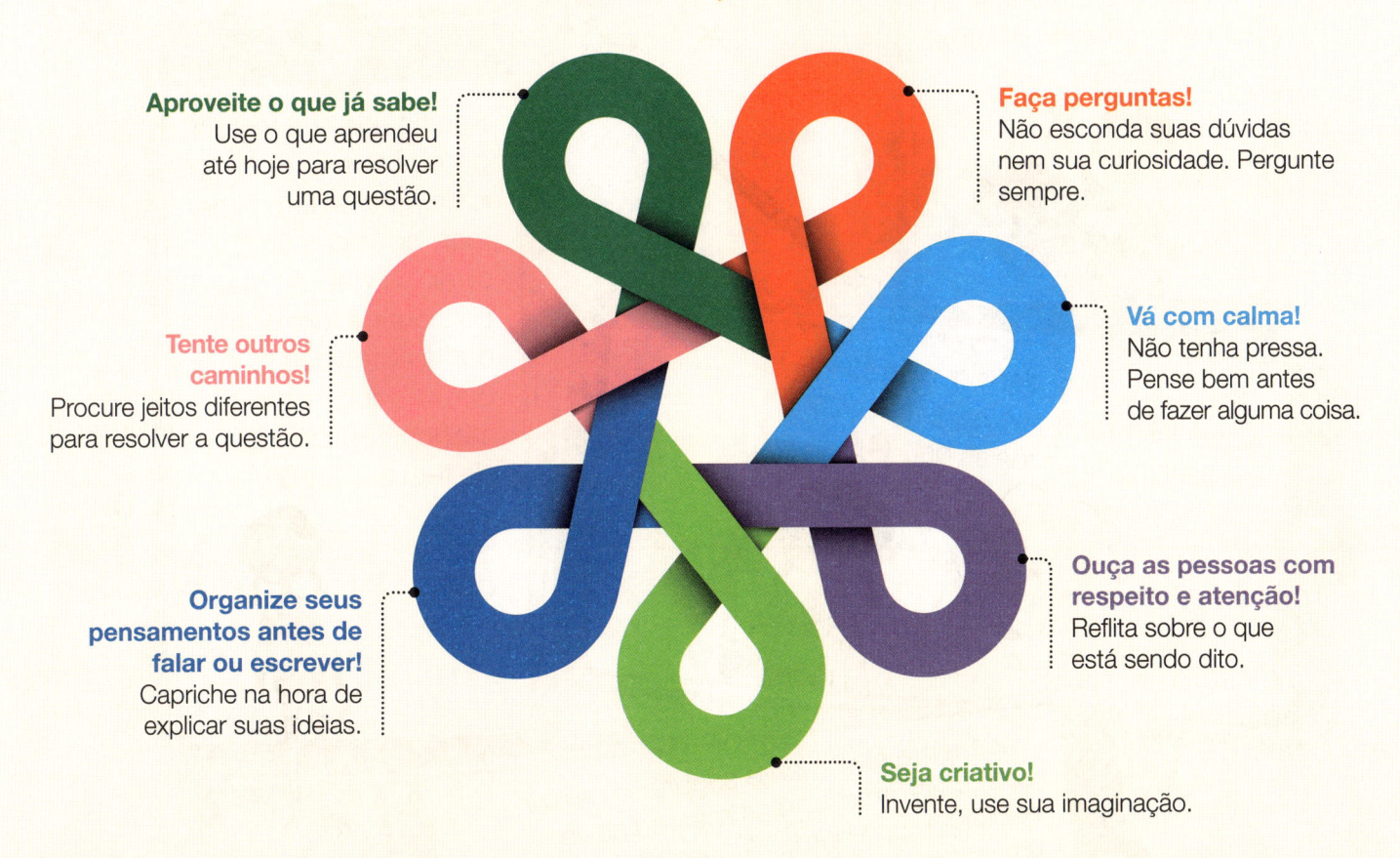

Aproveite o que já sabe!
Use o que aprendeu até hoje para resolver uma questão.

Faça perguntas!
Não esconda suas dúvidas nem sua curiosidade. Pergunte sempre.

Tente outros caminhos!
Procure jeitos diferentes para resolver a questão.

Vá com calma!
Não tenha pressa. Pense bem antes de fazer alguma coisa.

Organize seus pensamentos antes de falar ou escrever!
Capriche na hora de explicar suas ideias.

Ouça as pessoas com respeito e atenção!
Reflita sobre o que está sendo dito.

Seja criativo!
Invente, use sua imaginação.

FILMANDO!

O professor de Arte propôs aos alunos que, em duplas, filmassem com a câmera do celular uma apresentação de mágica.

Comece lendo pelo número ❶. Depois, vá fazendo suas escolhas conforme as indicações. Lembre-se: suas atitudes podem mudar tudo!

1 Você e seu colega combinam que ele será o mágico e você fará a filmagem. Vocês decidem que o mágico fará as coisas desaparecerem. Você vai começar a filmar imediatamente (9) ou vai primeiro organizar as cenas (3)?

2 Primeiro, você e seu colega fazem desaparecer coisas pequenas: o estojo, a caneta. Depois, coisas maiores: a cadeira, uma mesa! E agora? O filme está ficando muito legal, mas como será o final dele (12)?

3 Seu colega quer dar algumas ideias. Você vai ouvir o que ele tem a dizer (7) ou vai ignorar as ideias dele (4)?

4 Seu colega fica triste e diz que tem uma ótima ideia para fazer o filme, mas, se você não o ouvir, ele não vai mais continuar a formar a dupla com você. Então, você pensa melhor e ouve o que ele tem a dizer (7).

5 Você tenta novamente segurar o celular com mais firmeza, mas mesmo assim não fica muito bom... A câmera mexeu um pouco e não ficou tão legal. Você tenta criar um suporte (10).

6
Você mostra o filme para o professor, e ele diz que poderia ficar mais interessante se tivesse mais cenas com outros objetos desaparecendo. Vá para (2).

7
Seu colega dá a ideia de fazer como nos espetáculos de mágica. O mágico tem um lenço que é capaz de fazer desaparecer as coisas. A ideia é ótima!
Você vai perguntar para o professor como poderia fazer desaparecer objetos (8) ou vai preferir arriscar sozinho (11)?

8
O professor ensina um truque de câmera muito simples: você filma uma borracha, por exemplo, e seu colega diz "Abracadabra! Que a borracha suma!"; depois, desliga a câmera e tira a borracha. Sem tirar da posição, liga a câmera novamente e volta a filmar.
As pessoas vão ter a impressão de que a borracha realmente sumiu!
Só é preciso ficar atento para que o celular não mexa!
Você tenta a primeira vez, mas o resultado não foi muito bom, porque não conseguiu segurar o celular com firmeza.
Você vai tentar segurar com mais firmeza desta vez (5) ou vai tentar criar um suporte para o celular (10)?

9
Você pega o celular e começa a filmar seu colega. Ele não sabe direito o que fazer e só faz umas poses engraçadas. Você percebe que é melhor organizar os pensamentos primeiro (3).

10
Você fixa o celular com uma fita adesiva em um cabo de vassoura preso entre duas cadeiras e começa a filmar novamente. Deu certo!!! Parece que depois de falar a palavra mágica a borracha realmente desapareceu!
Vai repetir o procedimento com novos objetos (2) ou achar que o filme já está bom (6)?

11
Você pensa um pouco e não sabe como fazer desaparecer objetos. Você decide conversar com o professor para poder seguir adiante (8).

12
Agora, use sua criatividade para escrever um final bem bacana para o filme! E quer saber? Por que você não tenta fazer um filme assim em casa?

CONHEÇA SEU LIVRO

Veja como está organizado seu livro de Arte.

Abertura

Reproduções de pinturas, esculturas e fotografias para você observar, apreciar e conversar com os colegas.

Significado de palavras ligadas à arte e aos assuntos estudados.

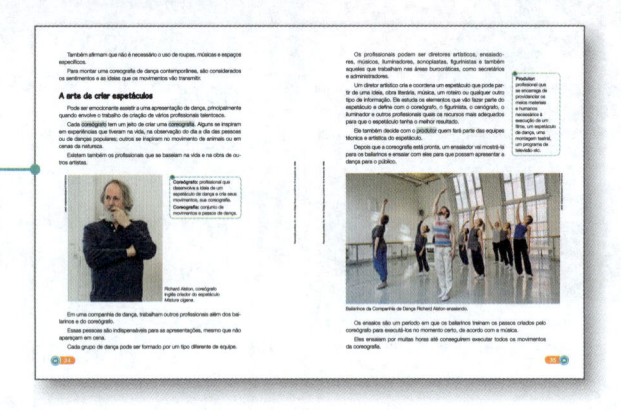

Mãos à obra

Hora de fazer atividades artísticas, sozinho ou com seus colegas.

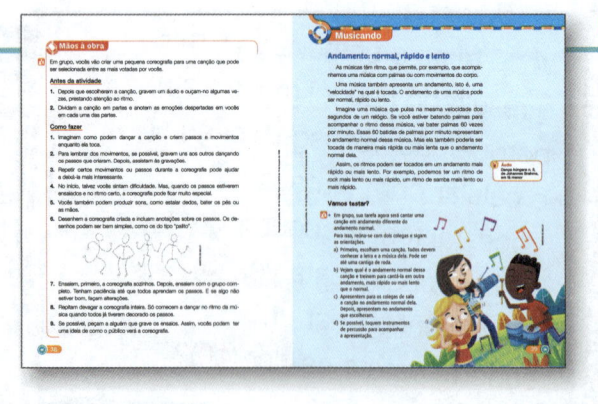

Musicando

Aqui você amplia seus conhecimentos sobre sons e música.

De olho na imagem

Nesta seção, você aprecia reproduções de obras de arte e conhece um pouco mais sobre elas.

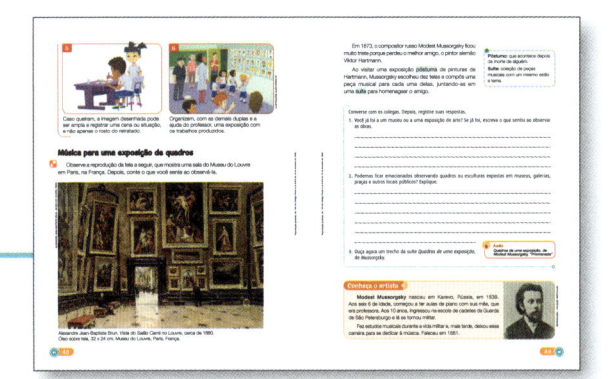

Conheça o artista

Você vai conhecer a biografia de alguns artistas.

Para fazer com os colegas

Você e seus colegas vão fazer atividades artísticas juntos.

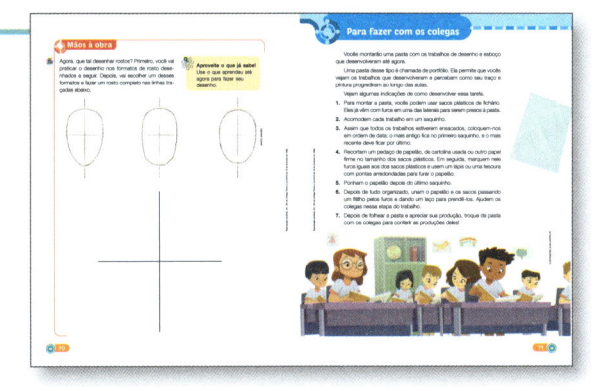

Vamos ler

Indicação de livros para ampliar seus conhecimentos.

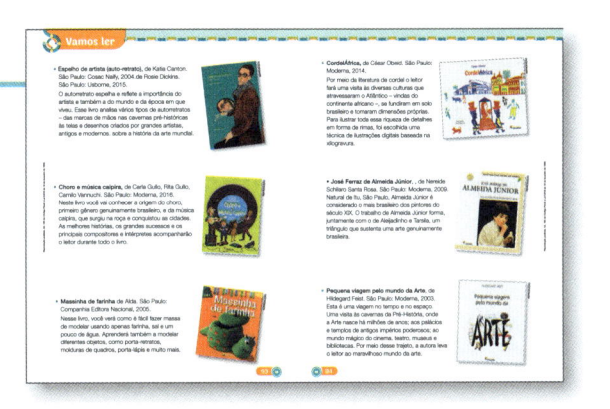

Ícones utilizados

Para indicar como realizar algumas atividades:

- Atividade oral
- Atividade em dupla
- Atividade em grupo
- Desenho ou pintura

Para indicar objetos digitais:

Para indicar habilidades que você vai usar para se relacionar melhor com os outros e consigo mesmo:

SUMÁRIO

UNIDADE 1 — A fotografia 10

Capítulo: Como surgiu a fotografia 12
A imagem fotográfica 13
   Do daguerreótipo à *selfie* 14
Mãos à obra 16
De olho na imagem 17
Conheça os artistas – Rosa Gauditano e Pierre Verger 19

UNIDADE 2 — Arte que encanta nossos sentidos 20

Capítulo 1: O cinema 22
Mãos à obra 24
Cinema de animação 25
   Stop-motion 27
Mãos à obra 31
Capítulo 2: Dança contemporânea 33
A arte de criar espetáculos 34
Mãos à obra 38
● Musicando 39
Andamento: normal, rápido e lento 39

UNIDADE 3 — O registro de imagens 40

Capítulo: Retrato e autorretrato 42
Mãos à obra 44
Imagens reais ou imaginárias? 45
Mãos à obra 47
Música para uma exposição de quadros 48
Conheça o artista – Modest Mussorgsky 49
● Musicando 50
A notação musical 51

UNIDADE 4 — Desenho e esboço 54

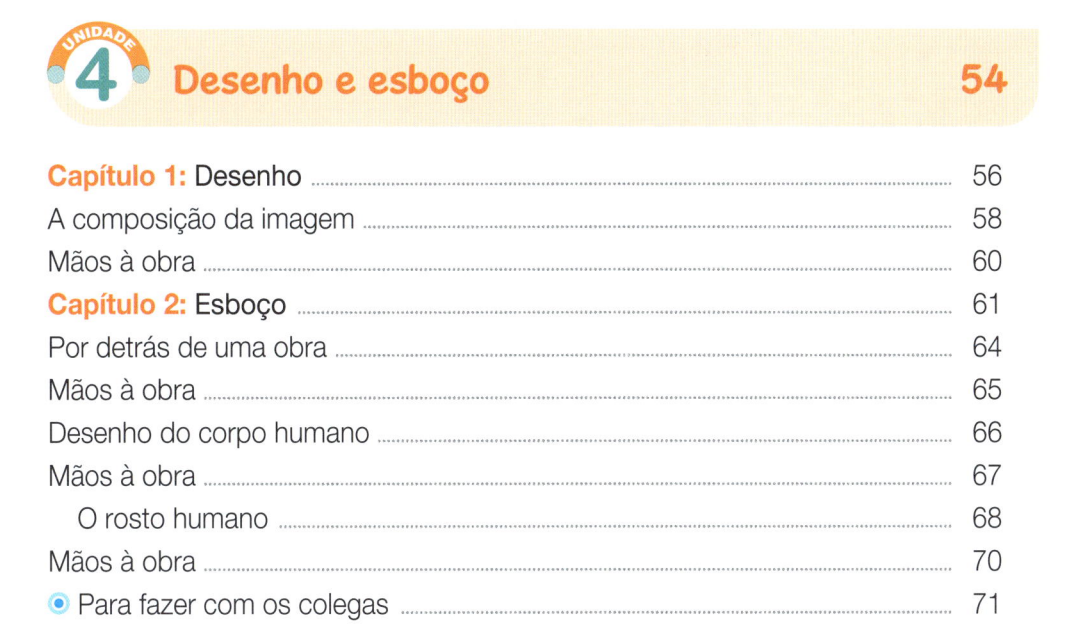

Capítulo 1: Desenho 56
A composição da imagem 58
Mãos à obra 60
Capítulo 2: Esboço 61
Por detrás de uma obra 64
Mãos à obra 65
Desenho do corpo humano 66
Mãos à obra 67
   O rosto humano 68
Mãos à obra 70
• Para fazer com os colegas 71

UNIDADE 5 — Literatura de cordel 72

Capítulo 1: A arte e a cultura popular 74
A gravura 77
Gravuras coloridas 78
Identificação das gravuras 81
Mãos à obra 83
Capítulo 2: Do Oriente ao Ocidente 85
Cordel cantado 86
• Musicando 88
Notação musical 88
• Para fazer com os colegas 92
Vamos ler 93

UNIDADE 1
A fotografia

Menino em triciclo. Foto de 1900.

Converse com os colegas.

1. Por que as pessoas tiram fotografias?
2. Você já viu uma foto antiga de algum familiar ou amigo? Como era a foto?
3. Você sabe como é o processo para fazer uma fotografia?

Menino em bicicleta com rodinhas. Foto de 2018.

Como surgiu a fotografia

Antes da invenção da fotografia, quando as pessoas queriam ter um retrato delas, dos filhos ou de parentes, tinham de encomendar a imagem a um pintor.

Essa tradição começou a mudar no século 19, quando o registro fotográfico foi desenvolvido. Com isso, muitos pintores ficaram com receio de não ter mais trabalho.

Pierre Auguste Renoir. *Madame Georges Charpentier e seus filhos*, 1878. Óleo sobre tela, 153,7 x 190,2 cm. Museu Metropolitano de Arte, Nova York, EUA.

Alguns pintores aproveitaram essa oportunidade para mudar a tradição do retrato realista, que mostra como as pessoas são na realidade.

Eles passaram a pintar criando estilos artísticos que representavam coisas e pessoas da maneira como as sentiam e imaginavam, e não com a aparência real delas.

Isso pode ser percebido nas obras de artistas como Pablo Picasso.

Com o passar do tempo, os artistas foram entendendo que a pintura e a fotografia eram linguagens diferentes, mas que podiam existir juntas, em harmonia.

Nessa época, muitos artistas plásticos também se tornaram fotógrafos.

Pablo Picasso. *Retrato de Marie-Thérèse*, 1937. Óleo sobre tela, 100 x 81 cm. Museu Picasso, Paris, França.

A imagem fotográfica

O químico francês Joseph Nicéphore Niépce fez a primeira imagem fotográfica.

Ele criou essa imagem usando a ideia da câmara escura, que o artista e cientista Leonardo da Vinci havia desenvolvido no século 16.

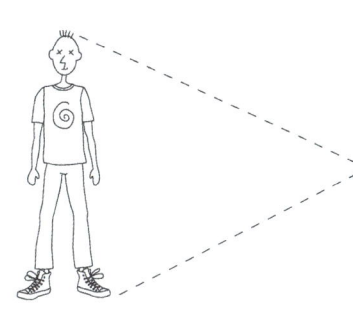

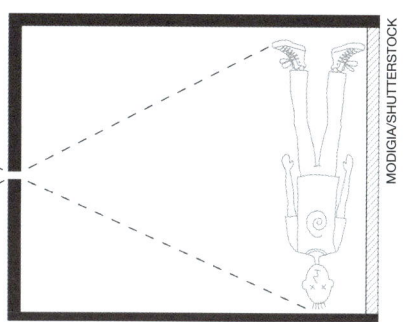

A câmara escura é um tipo de caixa escura com um pequeno furo. Se um objeto for colocado na frente desse furo, sua imagem aparecerá invertida dentro da caixa, no lado oposto ao furo.

Louis Daguerre aperfeiçoou essa técnica da câmara escura e desenvolveu um aparelho mais eficiente para a captação de imagens.

Esse equipamento foi chamado de daguerreótipo em homenagem a Daguerre.

Para que um objeto fosse fotografado, era preciso que ele ficasse na frente da abertura do daguerreótipo por cerca de 30 minutos.

As imagens produzidas por essa máquina também eram chamadas de daguerreótipo.

Gaspard-Félix Tournachon. Joseph Nicéphore Niépce, cerca de 1831. Litografia, sem dimensões. Coleção particular.

Daguerreótipo de Louis Daguerre, 1843. Imagem feita por Jean-Baptiste Sabatier-Blot.

Louis Daguerre. Daguerreótipo fabricado em 1839, sem dimensões. Museu da Fotografia de Westlicht, Viena, Áustria.

Do daguerreótipo à *selfie*

Os daguerreótipos fixavam a imagem captada pela lente em uma placa de metal espelhada e fina, que quebrava com facilidade. Poucas pessoas podiam comprar um daguerreótipo porque era caro.

Depois, foram inventadas câmeras fotográficas que fixavam as imagens em chapas de vidro para produzir fotografias. Elas eram melhores do que as usadas no daguerreótipo. Como eram mais grossas, as pessoas podiam produzir várias cópias de uma foto em papel.

Audiovisual
História da fotografia

Chapas de vidro em negativo com imagens fixadas, cerca de 1870.

Em negativo: no processo fotográfico, é quando os tons claros aparecem escuros e os tons escuros aparecem claros.

Com o tempo, as chapas de vidro foram trocadas por papel. O papel foi trocado por filme. E as máquinas evoluíram, ficaram menores e mais fáceis de ser transportadas e usadas, até chegarem aos modelos analógicos.

Câmera fotográfica analógica, filme fotográfico solto e rolo de filme, década de 1970.

Com a evolução das tecnologias, surgiu o processo fotográfico digital, que é parecido com o das câmeras analógicas. O processo digital também usa uma lente para direcionar os raios de luz que passam pela abertura da máquina, mas usa um sensor eletrônico no lugar do filme fotográfico.

Atualmente, os telefones celulares têm câmera fotográfica e as fotos podem ser vistas logo depois de serem tiradas. Com essas facilidades, o número de fotógrafos e de fotos feitas cresceu muito e até surgiram palavras novas, como **clicar** e *selfie*.

Sensor eletrônico usado nas primeiras câmeras fotográficas digitais, década de 2000.

Selfie: retrato fotográfico de si próprio, sozinho ou acompanhado. Costuma ser feito com telefone celular para ser postado em redes sociais.

A fotografia deixou de ser apenas uma forma de registrar imagens para se tornar um meio de comunicação.

Converse com os colegas. Depois, registre suas respostas.

1. Você já viu fotografias antigas de sua família? Se sim, como elas são?

_____
_____
_____

2. Você conhece as histórias que estão registradas nessas fotografias, como o casamento de um bisavô ou a formatura de um tio? Escreva que histórias elas retratam.

_____
_____
_____

3. Você faz *selfies* com seus amigos?

_____

Mãos à obra

Com uma caixa de papelão simples forrada de papel preto é possível fazer uma câmara escura. Com ela você poderá observar como as imagens captadas pelo orifício feito na caixa e projetadas no lado coberto com o papel vegetal aparecem de ponta-cabeça.

Materiais

- Caixa de papelão
- Cartolina ou papel preto
- Cola
- Tesoura com pontas arredondadas
- Folha de papel vegetal transparente
- Fita adesiva escura

Como fazer

1 Forre a parte de dentro de uma caixa de papelão com cartolina ou papel preto. Recorte um retângulo no centro de uma das paredes da caixa.

2 Cole o papel vegetal sobre esse retângulo usando a fita adesiva escura.

3 No centro da parede oposta ao retângulo, faça um furo pequeno. Talvez o tamanho do furo precise ser aumentado, mas antes você deve testar, seguindo o passo 4. Feche bem a tampa da caixa para que a luz não entre por nenhum espaço.

4 Fique em um local sombreado e vire a parte da caixa com o furo para onde tenha luz. Coloque um objeto (uma xícara, por exemplo) diante do furo, de modo que fique entre a caixa e a luz. A imagem de fora será projetada dentro da caixa e aparecerá de ponta-cabeça no papel vegetal.

ILUSTRAÇÕES: MARCOS DE MELLO

De olho na imagem

Observe as imagens mostradas a seguir. Elas foram feitas por dois fotógrafos: a brasileira Rosa Gauditano e o francês Pierre Verger.

Fotografia de Rosa Gauditano. Sem título. Crianças indígenas Kayapó, em Marapanim (PA), 2002.

Fotografia de Pierre Verger. *Criança empinando pipa*, década de 1950. Acervo da Fundação Pierre Verger, Salvador (BA).

A fotografia de Rosa Gauditano registra crianças indígenas Kayapó brincando na areia branca das margens do rio Marapanim, no Pará.

A fotografia *Criança empinando pipa*, de Pierre Verger, mostra um menino soltando uma pipa sobre uma mureta à beira-mar, na Bahia.

Na fotografia de Rosa Gauditano, o uso de filme em cores ressalta a alegria da cena retratada. Na fotografia de Pierre Verger, o uso de filme preto e branco valoriza os contrastes de luz e as formas da pipa e do menino.

Hoje em dia, é muito fácil tirar fotos. No entanto, isso não significa que todas as pessoas que fotografam sejam artistas nessa área, como Rosa Gauditano e Pierre Verger.

À beira-mar: algo situado na praia, próximo ao mar.

Contraste: oposição entre luz e sombra que faz ressaltar as características de uma obra de arte.

Converse com os colegas. Depois, registre suas respostas.

1. Quais características culturais podem ser percebidas nas fotografias feitas por Rosa Gauditano e Pierre Verger?

_____
_____
_____
_____
_____
_____

2. A fotografia é um registro da realidade? Ela mostra apenas cenas e fatos reais? Explique sua resposta.

_____
_____
_____
_____
_____
_____

Organize seus pensamentos antes de falar ou escrever! Capriche na hora de explicar suas ideias.

Conheça os artistas

Rosa Jandira Gauditano nasceu em São Paulo, em 1955, e estudou Jornalismo. Começou a fotografar em 1977, atuando como jornalista.

Também foi professora de Fotojornalismo na Pontifícia Universidade Católica de São Paulo.

Em 1987, fundou uma agência de imagens para fotojornalismo e passou a registrar a vida de indígenas brasileiros em suas comunidades.

O trabalho dela está diretamente ligado à preocupação com a divulgação de tradições culturais e ao envolvimento pessoal com causas indígenas.

As fotos de Rosa mostram aspectos do dia a dia de povos indígenas, como trabalhos domésticos, artesanato, caça, brincadeiras infantis, rituais.

Essas imagens dão visibilidade a populações que quase sempre têm seus direitos negligenciados.

Rosa Gauditano fotografada por João Ramid. São Luiz do Paraitinga (SP).

Pierre Verger nasceu em Paris, em 1902. Aos 30 anos de idade, descobriu a paixão pela fotografia.

Mudou-se para a Bahia em 1946 e, a partir dessa época, passou a se dedicar ao estudo da relação entre a África e esse estado brasileiro em especial.

Realizou um extenso trabalho de pesquisa e retratou o povo baiano, seus costumes e as festas e tradições afro-brasileiras, captando momentos significativos da vida das pessoas que fotografou.

Pierre Verger era também doutor em estudos africanos pela Universidade Paris-Sorbonne, França, pela sua tese sobre o fluxo e refluxo das relações comerciais e humanas entre o golfo de Benin e a Bahia.

Fotografou por cerca de 50 anos. Morreu em 1996, na cidade de Salvador, na Bahia.

Pierre Verger fotografado por Adenor Gondim. Acervo da Fundação Pierre Verger. Salvador (BA).

UNIDADE 2
Arte que encanta nossos sentidos

Converse com os colegas.

1. O que essa imagem mostra?
2. Para que esse cenário foi feito?
3. Você já assistiu a algum filme em que as personagens eram feitas de massinha de modelar?

Cenário de *Òrun Àiyé*, filme de curta-metragem feito com técnica de *stop-motion*. Cintia Maria, codiretora do filme, está alterando a posição das personagens para dar ideia de movimento, antes de fazer uma nova fotografia delas.

DIANE LUZ/ESTANDARTE PRODUÇÕES

CAPÍTULO 1 — O cinema

A criação do cinema envolveu o processo fotográfico, as descobertas sobre como nosso cérebro percebe as imagens que vemos e as invenções que surgiram dessas descobertas.

Uma das invenções que fizeram parte da criação do cinema foi o taumatrópio, inventado em 1824 pelo britânico Peter Mark Roget. O taumatrópio é uma peça em formato de disco, com uma imagem diferente em cada um dos lados. Ao girar a peça, as imagens se sobrepõem, formando apenas uma.

Taumatrópio de 1825, com imagem de troncos de árvore de um lado e as copas do outro.

Outra invenção foi o fenacistoscópio, criado em 1893 pelo fotógrafo e pesquisador inglês Eadweard Muybridge. Ele fez vários desenhos de uma mesma dança. Cada desenho era feito com pequenas mudanças na posição dos dançarinos e distribuído sobre uma placa circular.

Quando essa placa era girada em frente a um espelho, criava-se a ilusão de os dançarinos estarem em movimento.

Reprodução do disco do fenacistoscópio criado por Muybridge, cerca de 1893.

Porém, o invento considerado o "pai" do cinema foi o cinematógrafo, uma máquina de filmar e projetar imagens. Ela foi criada por Léon Bouly em 1892 e patenteada pelos irmãos Auguste Lumière e Louis Lumière. Eles eram engenheiros e filhos do industrial Antoine Lumière, fotógrafo e fabricante de películas fotográficas na França.

A primeira exibição cinematográfica pública aconteceu em Paris, em 1895, e foi organizada pelos irmãos Lumière.

No início, o cinema mostrava apenas registros de cenas do cotidiano. Eram exibidos em branco e preto e tinham pouca nitidez.

Os filmes também não reproduziam os sons originais, pois na época não conseguiam sincronizar o som com a imagem.

Assim, as exibições eram acompanhadas de música ao vivo ou de efeitos sonoros especiais.

Da esquerda para a direita: Auguste Lumière e Louis Lumière. Autoria desconhecida. Paris, França, 1895.

Audiovisual
História do cinema

Patentear: quando o governo garante a alguém a autoria e o direito de uso exclusivo de uma invenção ou descoberta.

Película fotográfica: é uma base plástica, flexível e transparente, sobre a qual é depositada uma fina camada de gelatina que contém substâncias sensíveis à luz.

Sincronizar: ajustar som e imagem com precisão para que sejam transmitidos ao mesmo tempo.

Reprodução de cinematógrafo usado em 1895, em Paris, França.

23

No Brasil, o cinema se profissionalizou na década de 1930, com a criação da Cinédia, a primeira empresa cinematográfica brasileira.

Atualmente, o cinema nacional tem se destacado em produções de sucesso de público e reconhecidas internacionalmente.

> **Fotograma:** cada uma das fotografias que formam um filme de cinema; o fotograma também é chamado de *quadro*.

Fotograma do filme *Viagem à Lua*, de Georges Méliès, 1902. Esse foi um dos primeiros filmes a usar efeitos especiais nas imagens. O filme original é em preto e branco, mas foi colorizado em 2003.

Mãos à obra

Que tal construir um taumatrópio? Ele é feito de um círculo de cartolina com um desenho de cada lado. Pedaços de barbante presos nas extremidades servem para girar o círculo e criar a ilusão de que as imagens se combinam, formando apenas uma. Você pode, por exemplo, desenhar um aquário de um lado e um peixe do outro.

Materiais

- Pedaço de cartolina de cor clara
- Régua
- Borracha
- Tesoura com pontas arredondadas
- Lápis preto
- Lápis de cor
- Furador de papel
- Barbante
- Copo plástico

Como fazer

1 Com o lápis, trace um círculo sobre a cartolina usando a borda do copo plástico como molde.

2 Recorte o círculo com a tesoura.

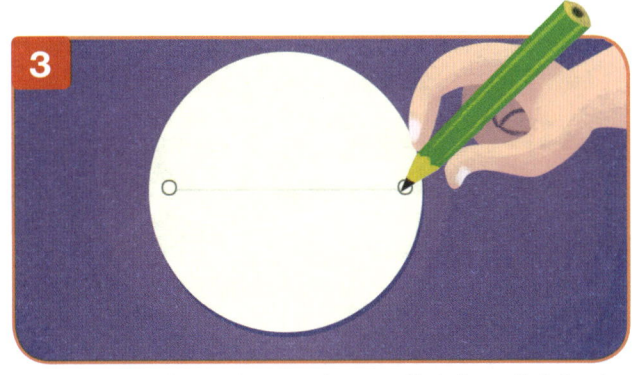

3 Trace uma linha bem clara e fininha dividindo o círculo pela metade. Depois, com o furador de papel, faça dois furos, um de cada lado das bordas do círculo. Use a linha que traçou como guia para que os furos fiquem alinhados. Em seguida, apague essa linha.

4 De um lado do círculo, desenhe um objeto e, do outro lado, algo que o complemente. Amarre um pedaço de barbante em cada furo. Pronto, agora é só girar a peça pelos barbantes para ver como os desenhos se complementam!

Cinema de animação

Depois da invenção do cinema, logo apareceram filmes de imagens animadas, os chamados desenhos animados.

O primeiro desenho animado foi feito pelo francês Émile Reynaud. Em 1877, ele criou o praxinoscópio.

Esse aparelho tinha dois tambores. Na parede interna do tambor maior eram presas imagens feitas sobre fitas transparentes.

As imagens eram giradas para refletir nos espelhos do tambor menor, que ficava no centro do aparelho. E depois eram projetadas em uma tela. Veja a seguir a imagem de um praxinoscópio.

Reprodução de uma litografia de 1884 que mostra o funcionamento de um praxinoscópio.

O primeiro filme de desenho animado foi *Fantasmagorie*. Ele foi criado pelo cartunista e diretor francês Émile Courtet e exibido ao público em 1908, em Paris.

Em 1912, Courtet levou a técnica para os Estados Unidos e então ela se tornou conhecida.

Os primeiros desenhos animados, que também são conhecidos como animações, foram chamados de curta-metragem porque tinham pouco mais de 10 minutos de duração.

Fotograma de *Fantasmagorie*, de 1908, desenho animado com cerca de 1 minuto e 40 segundos de duração. Nesse filme, um boneco vai interagindo com personagens e objetos que encontra.

Depois surgiram filmes mais longos, com mais de 60 minutos, que foram chamados de longa-metragem.

A palavra *animação* também se refere ao processo de fazer filme. Cada fotograma que compõe o filme é produzido individualmente e pode ser feito com computação gráfica ou fotografando-se cada uma das imagens desenhadas.

Os fotogramas são ligados entre si, formando um filme. Quando esse filme é exibido na velocidade de 24 fotogramas por segundo, cria-se a ilusão de movimento contínuo.

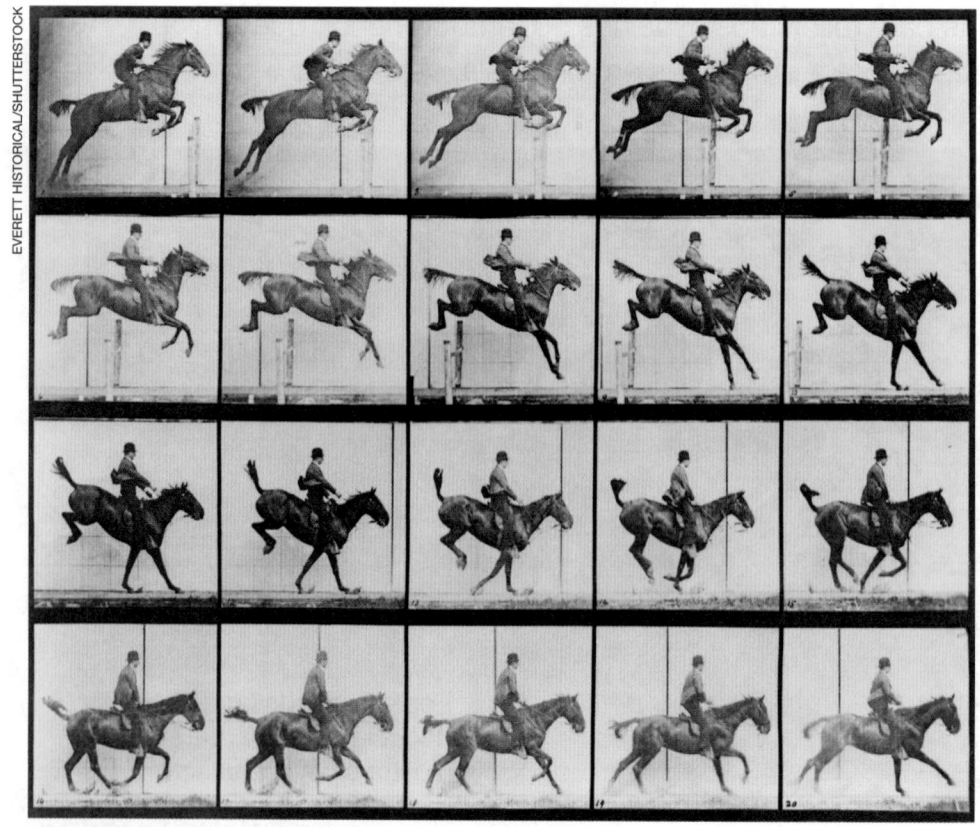

Sequência de imagens de um cavaleiro cavalgando e fazendo o cavalo pular um obstáculo. Essa sequência de fotogramas foi feita por Eadweard Muybridge em 1887.

Stop-motion

Stop-motion é uma técnica de animação que usa máquina fotográfica ou computador como recurso. São feitas sequências de fotografias de uma mesma personagem ou cenário, com pequenas alterações entre uma foto e outra para simular movimento.

Na animação *stop-motion*, personagens e cenários podem ser construídos de diversos materiais. Antigamente, era comum os produtores usarem massinha de modelar para fazer pequenos filmes. Mas, para produzir filmes para o cinema, o material tem de ser mais resistente e maleável, pois a produção pode se estender por meses e os modelos precisam durar até o final.

Jamile Coelho, codiretora do curta-metragem em *stop-motion Òrun Àiyé*, em cenário do filme.

Desenhos animados e filmes *stop-motion* são produzidos em estúdios de animação. A foto da abertura desta unidade mostra um cenário construído para o curta-metragem de animação chamado *Òrun Àiyé*, que conta o mito iorubá da criação do mundo.

Tela de um computador onde estava sendo feita a edição do curta-metragem *Òrun Àiyé*.

Para produzir um filme de animação, é preciso tempo e esforço de toda a equipe envolvida.

Às vezes, o trabalho pode durar mais de um ano. Por exemplo, para a realização do curta-metragem *Òrun Àiyé*, foram tiradas 25 mil fotos, e a equipe produzia apenas 9 segundos do filme por dia.

A produção durou 455 dias, ou seja, cerca de um ano e três meses de trabalho.

Antes da etapa de fotografar as mudanças de cenário e de movimento das personagens, é preciso escrever um roteiro visual da história que vai ser contada.

Esse roteiro é chamado de *storyboard* e é feito de imagens e anotações, que lembram um pouco uma história em quadrinhos.

Observe a foto de trechos do *storyboard* de *Òrun Àiyé*.

Storyboard do curta-metragem em *stop-motion Òrun Àiyé*.

Depois que o roteiro está pronto, são feitos desenhos e estudos de materiais, como silicone, para escolher a melhor maneira de modelar personagens e cenários.

Em *Òrun Àiyé*, as personagens foram produzidas com silicone sobre um esqueleto articulado de metal.

Nos cenários, foram usados materiais diversos, como a floresta de baobás, construída com fibra plástica e suportes de metal, mostrada na abertura desta unidade, ou uma paisagem pintada com a técnica de grafite.

Os animadores também podem desenhar modelos das personagens à mão ou em computador para testar e desenvolver movimentos e expressões delas e observá-las de diferentes pontos de vista. Veja abaixo a imagem em 2-D, feita à mão, da personagem Vô Bira.

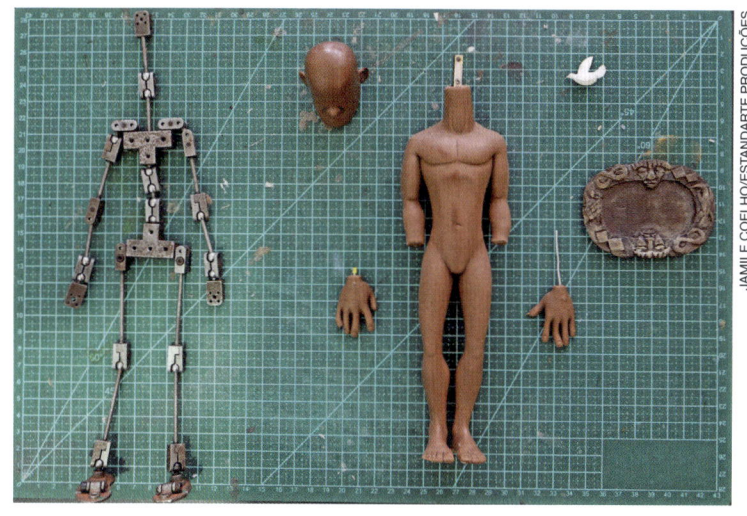

Esqueleto e boneco de personagens do curta-metragem em *stop-motion Òrun Àiyé*.

Pintura em grafite que fez parte da produção do cenário do curta-metragem *Òrun Àiyé*.

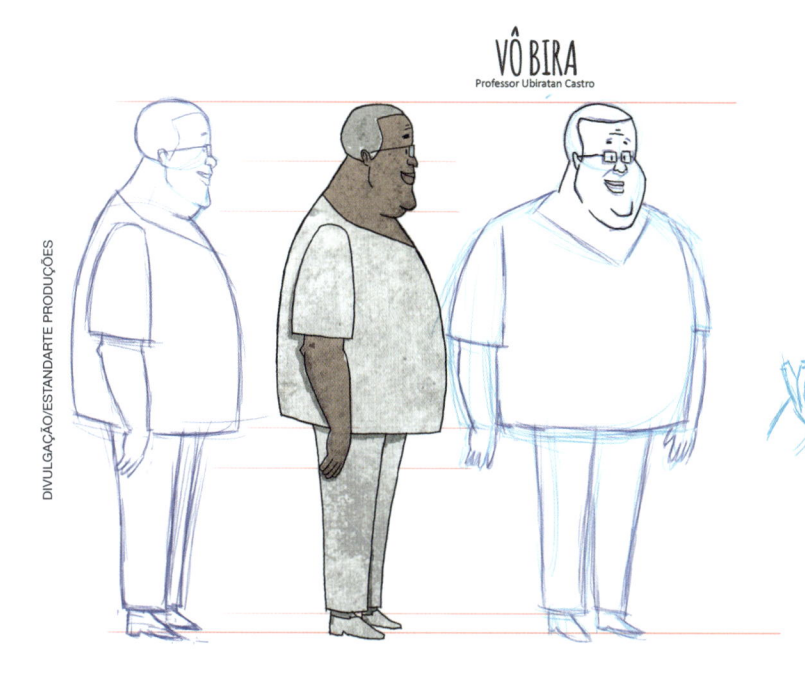

VÔ BIRA
Professor Ubiratan Castro

Griô: contador de histórias que ensina as lendas e os costumes do povo africano a que ele pertence.

Vô Bira é um griô que narra para sua neta Luna como os deuses africanos interagiram para criar a Terra e os seres humanos.

Converse com os colegas e registre suas respostas. Depois, faça a pesquisa solicitada.

1. Se você fosse um profissional da área de animação, que história gostaria de contar? Quais elementos usaria para criar cenários e personagens?

Aproveite o que já sabe!
Use o que aprendeu até agora para resolver essa questão.

2. Que tal pesquisar e assistir a uma animação feita de massinha de modelar ou silicone? Depois de assistir à animação sugerida pelo professor, faça um relato do que viu, nas linhas abaixo, registrando o título da animação, o tempo de duração, o tipo de material usado na confecção das personagens e um resumo da história.

Mãos à obra

Em grupo, vocês vão criar uma pequena história e construir um *storyboard* dela.

Para isso, não é preciso saber desenhar. O fundamental é que as passagens importantes da história sejam representadas no papel.

Apenas projetos profissionais, que exigem detalhamento e técnica, necessitam do trabalho de um ilustrador profissional, que é chamado de artista de *storyboard*.

Materiais

- Caderno
- Régua
- Lápis preto
- Borracha

Como fazer

1. Criem uma história e a anotem em uma folha de caderno.

2. Por exemplo, pode ser a história de um animal estranho que extraterrestres esqueceram na Terra quando visitaram nosso planeta. O animal fica perdido e começa a andar por uma estrada.

3. Em outra folha do caderno, usem a régua e o lápis para traçar de 4 a 8 quadros parecidos com os de histórias em quadrinhos. Abaixo de cada quadrinho, coloquem linhas ou deixem um espaço para escrever.

4 Decidam com os colegas qual parte da história será desenhada em cada um dos quadrinhos que vocês traçaram.

5 No primeiro quadrinho, façam o desenho da parte inicial da história. Desenhem figuras bem simples, como um disco voador no céu indo embora, por exemplo.

6 Se necessário, façam observações nos quadrinhos. Elas podem indicar sentimentos das personagens, mudanças de expressão, ações que farão.

7 Desenhem o restante da história nos outros quadrinhos seguindo a divisão que decidiram no passo 4. Façam anotações sobre a história se acharem necessário.

8 Ao terminar o *storyboard*, verifiquem se todos conseguem entendê-lo facilmente.

Lembrem-se de que essa animação não poderá ter mais de um minuto de duração. E que nesse minuto vocês terão de fazer muitas fotos para cada conjunto de movimentos da(s) personagem(ns).

CAPÍTULO 2 — Dança contemporânea

Na foto a seguir, vemos bailarinos da Companhia de Dança Richard Alston se apresentando no espetáculo *Mistura cigana*, criado pelo coreógrafo inglês Richard Alston.

Esse espetáculo não conta uma história, mas a coreografia e a música juntas lembram um grupo de pessoas com sua própria identidade, que é mudada enquanto viajam de um lugar para outro.

Espetáculo *Mistura cigana* apresentado no Teatro Sadler's Wells, em Londres, Reino Unido.

A dança contemporânea não utiliza uma técnica específica na criação das coreografias.

Segundo profissionais da área, a dança contemporânea pode ser praticada por qualquer pessoa, mesmo as que não têm conhecimento de dança.

Também afirmam que não é necessário o uso de roupas, músicas e espaços específicos.

Para montar uma coreografia de dança contemporânea, são considerados os sentimentos e as ideias que os movimentos vão transmitir.

A arte de criar espetáculos

Pode ser emocionante assistir a uma apresentação de dança, principalmente quando envolve o trabalho de criação de vários profissionais talentosos.

Cada coreógrafo tem um jeito de criar uma coreografia. Alguns se inspiram em experiências que tiveram na vida, na observação do dia a dia das pessoas ou de danças populares; outros se inspiram no movimento de animais ou em cenas da natureza.

Existem também os profissionais que se baseiam na vida e na obra de outros artistas.

> **Coreógrafo:** profissional que desenvolve a ideia de um espetáculo de dança e cria seus movimentos, sua coreografia.
>
> **Coreografia:** conjunto de movimentos e passos de dança.

Richard Alston, coreógrafo inglês criador do espetáculo *Mistura cigana*.

Em uma companhia de dança, trabalham outros profissionais além dos bailarinos e do coreógrafo.

Essas pessoas são indispensáveis para as apresentações, mesmo que não apareçam em cena.

Cada grupo de dança pode ser formado por um tipo diferente de equipe.

Os profissionais podem ser diretores artísticos, ensaiadores, músicos, iluminadores, sonoplastas, figurinistas e também aqueles que trabalham nas áreas burocráticas, como secretários e administradores.

Um diretor artístico cria e coordena um espetáculo que pode partir de uma ideia, obra literária, música, um roteiro ou qualquer outro tipo de informação. Ele estuda os elementos que vão fazer parte do espetáculo e define com o coreógrafo, o figurinista, o cenógrafo, o iluminador e outros profissionais quais os recursos mais adequados para que o espetáculo tenha o melhor resultado.

Ele também decide com o produtor quem fará parte das equipes técnica e artística do espetáculo.

Depois que a coreografia está pronta, um ensaiador vai mostrá-la para os bailarinos e ensaiar com eles para que possam apresentar a dança para o público.

Produtor: profissional que se encarrega de providenciar os meios materiais e humanos necessários à execução de um filme, um espetáculo de dança, uma montagem teatral, um programa de televisão etc.

Bailarinos da Companhia de Dança Richard Alston ensaiando.

Os ensaios são um período em que os bailarinos treinam os passos criados pelo coreógrafo para executá-los no momento certo, de acordo com a música.

Eles ensaiam por muitas horas até conseguirem executar todos os movimentos da coreografia.

O trabalho do ensaiador é essencial para que um espetáculo tenha qualidade técnica e seja fiel ao que foi planejado pelo coreógrafo.

Bailarinos da Companhia de Dança Richard Alston ensaiam sob a supervisão do ensaiador Martin Lawrance e da diretora artística Isabel Tamenda.

Converse com os colegas. Depois registre suas respostas.

1. Você já assistiu a uma apresentação de dança? Se já assistiu, conte onde foi e que tipo de dança foi apresentado.

2. Em seu bairro ou cidade há academias de dança? Se houver, anote os tipos de dança que são ensinados nelas.

3. No espaço a seguir desenhe uma ou mais pessoas dançando um ritmo que você aprecia. Anote na linha do final da página que ritmo é esse e compartilhe seu desenho com os colegas.

Tente outros caminhos!
Procure jeitos diferentes para resolver a questão.

Mãos à obra

Em grupo, vocês vão criar uma pequena coreografia para uma canção que pode ser selecionada entre as mais votadas por vocês.

Antes da atividade

1. Depois que escolherem a canção, gravem um áudio e ouçam-no algumas vezes, prestando atenção ao ritmo.

2. Dividam a canção em partes e anotem as emoções despertadas em vocês em cada uma das partes.

Como fazer

1. Imaginem como podem dançar a canção e criem passos e movimentos enquanto ela toca.

2. Para lembrar dos movimentos, se possível, gravem uns aos outros dançando os passos que criaram. Depois, assistam às gravações.

3. Repetir certos movimentos ou passos durante a coreografia pode ajudar a deixá-la mais interessante.

4. No início, talvez vocês sintam dificuldade. Mas, quando os passos estiverem ensaiados e no ritmo certo, a coreografia pode ficar muito especial.

5. Vocês também podem produzir sons, como estalar dedos, bater os pés ou as mãos.

6. Desenhem a coreografia criada e incluam anotações sobre os passos. Os desenhos podem ser bem simples, como os do tipo "palito".

7. Ensaiem, primeiro, a coreografia sozinhos. Depois, ensaiem com o grupo completo. Tenham paciência até que todos aprendam os passos. E se algo não estiver bom, façam alterações.

8. Repitam devagar a coreografia inteira. Só comecem a dançar no ritmo da música quando todos já tiverem decorado os passos.

9. Se possível, peçam a alguém que grave os ensaios. Assim, vocês podem ter uma ideia de como o público verá a coreografia.

Musicando

Andamento: normal, rápido e lento

As músicas têm ritmo, que permite, por exemplo, que acompanhemos uma música com palmas ou com movimentos do corpo.

Uma música também apresenta um andamento, isto é, uma "velocidade" na qual é tocada. O andamento de uma música pode ser normal, rápido ou lento.

Imagine uma música que pulsa na mesma velocidade dos segundos de um relógio. Se você estiver batendo palmas para acompanhar o ritmo dessa música, vai bater palmas 60 vezes por minuto. Essas 60 batidas de palmas por minuto representam o andamento normal dessa música. Mas ela também poderia ser tocada de maneira mais rápida ou mais lenta que o andamento normal dela.

Assim, os ritmos podem ser tocados em um andamento mais rápido ou mais lento. Por exemplo, podemos ter um ritmo de *rock* mais lento ou mais rápido, um ritmo de samba mais lento ou mais rápido.

Áudio
Dança húngara n. 5, de Johannes Brahms, em fá menor

Vamos testar?

- Em grupo, sua tarefa agora será cantar uma canção em andamento diferente do andamento normal.

    Para isso, reúna-se com dois colegas e sigam as orientações.

    a) Primeiro, escolham uma canção. Todos devem conhecer a letra e a música dela. Pode ser até uma cantiga de roda.

    b) Vejam qual é o andamento normal dessa canção e treinem para cantá-la em outro andamento, mais rápido ou mais lento que o normal.

    c) Apresentem para os colegas de sala a canção no andamento normal dela. Depois, apresentem no andamento que escolheram.

    d) Se possível, toquem instrumentos de percussão para acompanhar a apresentação.

UNIDADE 3 — O registro de imagens

Arthur Timótheo da Costa. *Retrato de menino*, 1928.
Óleo sobre tela colada sobre papel-cartão, 40,5 x 31,7 cm.
Museu Afro Brasil, São Paulo (SP).

Arthur Timótheo da Costa. *Autorretrato*, 1919.
Óleo sobre tela colada sobre papel-cartão, 86 x 79 cm.
Museu Afro Brasil, São Paulo (SP).

Converse com os colegas.

1. O que você acha que é retrato? E o que é autorretrato?
2. Você possui algum retrato? E autorretrato?

Retrato e autorretrato

As duas obras do pintor brasileiro Arthur Timótheo da Costa reproduzidas na abertura desta unidade retratam um menino e o próprio pintor.

A primeira tela, que mostra o menino, é um **retrato**. Por meio de imagens como essas, podemos conhecer um pouco da cultura e dos hábitos do século 19 no Brasil, época em que o artista viveu.

Assim como Arthur Timótheo, muitos artistas produziram retratos. O pintor brasileiro José Ferraz de Almeida Júnior foi um desses artistas. Veja a seguir a reprodução de um retrato pintado por ele.

José Ferraz de Almeida Júnior. *Menino com banana*, 1897. Óleo sobre tela, 59 x 44 cm. Coleção particular.

A maioria dos artistas, além de retratar outras pessoas, também pintou a própria imagem. A esse tipo de pintura damos o nome de **autorretrato**.

A tela do pintor Arthur Timótheo da Costa que está reproduzida na página 41 é um exemplo.

Ao lado, você pode observar o autorretrato do pintor brasileiro José Ferraz de Almeida Júnior.

José Ferraz de Almeida Júnior. *Autorretrato*, 1878. Óleo sobre cartão, 41 x 32,5 cm. Pinacoteca Ruben Berta, Porto Alegre (RS).

Converse com os colegas. Depois, registre suas respostas.

1. Por que os pintores do passado faziam retratos?

_____
_____
_____

2. Por que os pintores do passado faziam autorretratos?

_____
_____
_____

3. É possível identificar características da personalidade de uma pessoa por meio de um retrato ou de um autorretrato dela?

_____
_____
_____

Mãos à obra

Que tal fazer um autorretrato em uma folha avulsa? Para isso, siga o roteiro.

Materiais

- Folha de papel sulfite
- Pincéis (um fino e um mais grosso)
- Lápis preto
- Tintas guache coloridas
- Recipiente plástico com água
- Fotografia sua (uma *selfie*, por exemplo)

Como fazer

1. Observe sua foto e depois desenhe com o lápis os traços de seu rosto na folha.

2. Misture tintas para conseguir uma cor que se pareça com seu tom de pele e pinte todo o rosto do desenho.

3. Espere a tinta secar bem e use o pincel fino e outras cores de guache para fazer o contorno dos olhos, do nariz e da boca.

4. Depois de pintar todo o desenho do rosto, se desejar, pinte o fundo da imagem.

5 Assine seu nome em um dos cantos da folha.

6 Mostre o autorretrato para os colegas e observe o deles. Guarde sua obra para a exposição que será montada depois.

Imagens reais ou imaginárias?

Nas artes visuais, chamamos de retrato toda imagem que registra uma pessoa. A imagem pode ser real ou imaginária. Observe a reprodução de um retrato imaginário feito por Pablo Picasso, artista espanhol.

Imaginário: criado pela imaginação.

Pablo Picasso.
Retrato de menino, 1964
(série Retratos imaginários).
Óleo sobre tela, 35,2 x 27,3 cm.
Coleção particular.

45

Retratos e autorretratos podem ser feitos por meio de pintura, fotografia, escultura ou outras técnicas de arte. Observe reproduções de retratos do príncipe francês Louis-Napoléon Bonaparte quando ele tinha cerca de 14 anos.

Louis-Napoléon Bonaparte, 1864. Daguerreótipo feito por André Adolphe Eugène Disdéri.

Jean-Baptiste Carpeaux. *Busto do príncipe Louis-Napoléon Bonaparte*, 1865. Gesso e sílica, altura: 63,5 cm. Museu de Belas Artes, Houston, Texas, EUA.

Converse com os colegas. Depois, registre suas respostas.

1. Uma obra de arte mostra sempre o que é real? Explique.

_____
_____
_____

2. Os artistas atuais registram em suas obras apenas o que é real?

_____
_____
_____

Mãos à obra

Agora chegou o momento de formar dupla com um colega. Você vai fazer um retrato dele e ele vai fazer um retrato seu. Para isso, sigam o roteiro.

Vá com calma!
Não tenha pressa. Observe bem seu colega antes de fazer o retrato dele.

Materiais

- Folha avulsa
- Pincéis (um fino e um mais grosso)
- Tintas guache de várias cores
- Recipiente plástico com água
- Lápis preto

Como fazer

1. Um de vocês será o artista, e o outro posará como modelo. Depois, troquem de posição.

2. É importante que o retratado permaneça parado o maior tempo possível.

3. Observe bem a fisionomia de seu colega antes de retratá-lo. Depois, com o lápis, desenhe os traços do rosto dele na folha.

4. Faça uma mistura de cores que lembre o tom de pele do colega e pinte o desenho do rosto. Depois que secar bem, pinte olhos, nariz, boca, orelhas, cabelos.

5

Caso queiram, a imagem desenhada pode ser ampla e registrar uma cena ou situação, e não apenas o rosto do retratado.

6

Organizem, com as demais duplas e a ajuda do professor, uma exposição com os trabalhos produzidos.

ILUSTRAÇÕES: ALAN CARVALHO

Música para uma exposição de quadros

Observe a reprodução da tela a seguir, que mostra uma sala do Museu do Louvre em Paris, na França. Depois, conte o que você sente ao observá-la.

Alexandre Jean-Baptiste Brun. *Vista do Salão Carré no Louvre*, cerca de 1880. Óleo sobre tela, 32 x 24 cm. Museu do Louvre, Paris, França.

48

Em 1873, o compositor russo Modest Mussorgsky ficou muito triste porque perdeu o melhor amigo, o pintor alemão Viktor Hartmann.

Ao visitar uma exposição póstuma de pinturas de Hartmann, Mussorgsky escolheu dez telas e compôs uma peça musical para cada uma delas, juntando-as em uma suíte para homenagear o amigo.

> **Póstumo:** que acontece depois da morte de alguém.
>
> **Suíte:** coleção de peças musicais com um mesmo estilo e tema.

Converse com os colegas. Depois, registre suas respostas.

1. Você já foi a um museu ou a uma exposição de arte? Se já foi, escreva o que sentiu ao observar as obras.

2. Podemos ficar emocionados observando quadros ou esculturas expostas em museus, galerias, praças e outros locais públicos? Explique.

3. Ouça agora um trecho da suíte *Quadros de uma exposição*, de Mussorgsky.

> **Áudio**
> *Quadros de uma exposição*, de Modest Mussorgsky, "Promenade"

Conheça o artista

Modest Mussorgsky nasceu em Karevo, Rússia, em 1839. Aos seis 6 de idade, começou a ter aulas de piano com sua mãe, que era professora. Aos 10 anos, ingressou na escola de cadetes da Guarda de São Petersburgo e lá se tornou militar.

Fez estudos musicais durante a vida militar e, mais tarde, deixou essa carreira para se dedicar à música. Faleceu em 1881.

Musicando

Estes são alguns dos instrumentos usados para tocar o trecho do *promenade* inicial de *Quadros de uma exposição* que você ouviu.

Leia o nome deles e ouça o som que produzem.

Promenade: palavra de origem francesa que significa passeio.

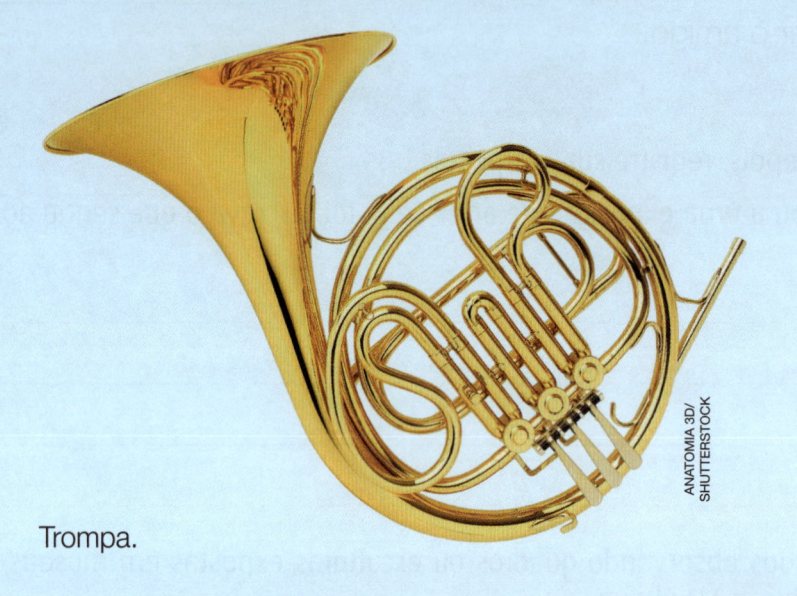

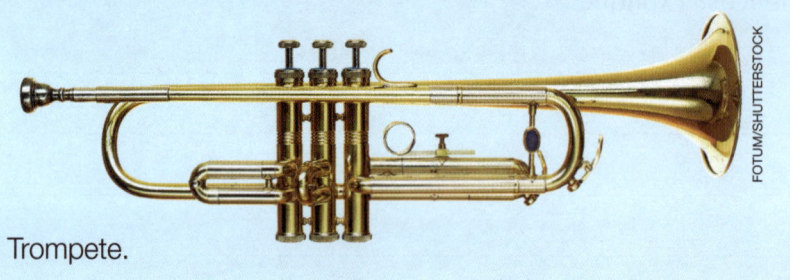

Áudio
Trompa, trompete, trombone

Trompa.

Trompete.

Trombone.

- Converse com os colegas. Depois, registre sua resposta.
- Quando Mussorgsky escreveu o trecho que você ouviu, quis dar ao ouvinte a impressão de que estava caminhando pela exposição, apreciando as pinturas de Hartmann e sentindo saudade dele. Você também sentiu isso? Ou teve outra sensação? Qual?

_____
_____
_____

Seja criativo! Invente, use a sua imaginação.

A notação musical

Notação musical é uma maneira de mostrar elementos ligados à música por meio de representação gráfica, como desenhos, símbolos e traços.

Áudio
Notas musicais

Por exemplo, para tocar uma música, o músico lê a escala musical. Há muitos tipos de escala, mas todas usam as sete notas musicais:

| dó | ré | mi | fá | sol | lá | si |

Um conjunto de sete notas sucessivas, com a repetição da primeira nota, chama-se **escala**.

Por exemplo, a escala em **si** é escrita da seguinte maneira:

| si | dó | ré | mi | fá | sol | lá | si |

Uma escala pode ser **ascendente** ou **descendente**. Por exemplo, a escala de **dó** pode apresentar as seguintes escalas:

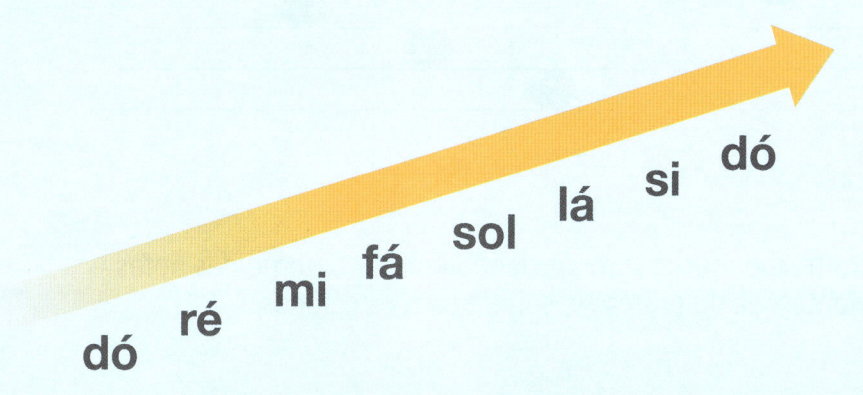

dó ré mi fá sol lá si dó

Na escala ascendente, as notas se repetem do som grave para o agudo.

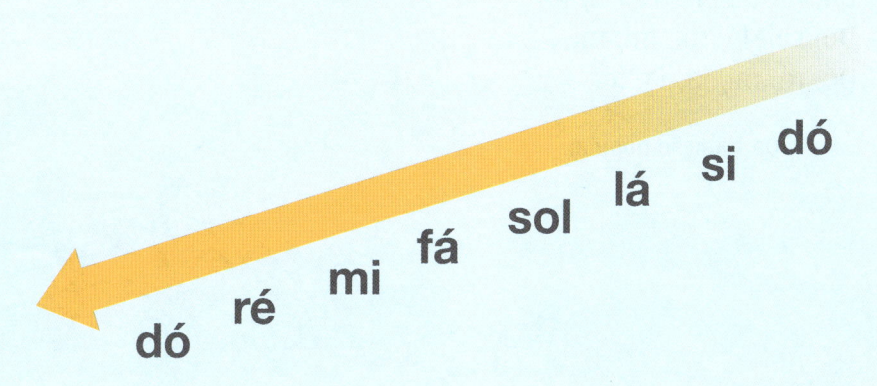

dó ré mi fá sol lá si dó

Na escala descendente, as notas se repetem do som agudo para o grave.

As notas musicais podem ser representadas em um conjunto de cinco linhas e quatro espaços.

Esse conjunto de linhas é chamado de **pauta musical** ou **pentagrama**. Observe.

———————————————————— 5ª Linha
4º Espaço
———————————————————— 4ª Linha
3º Espaço
———————————————————— 3ª Linha
2º Espaço
———————————————————— 2ª Linha
1º Espaço
———————————————————— 1ª Linha

As notas musicais são escritas em cima das linhas ou no espaço entre as linhas e são contadas e lidas de baixo para cima, da esquerda para a direita. O registro gráfico das notas musicais deve ter o formato ovalado.

Observe a seguir algumas notas musicais registradas em dois pentagramas. No primeiro, as notas estão em cima das linhas. No outro, as notas estão nos espaços entre as linhas.

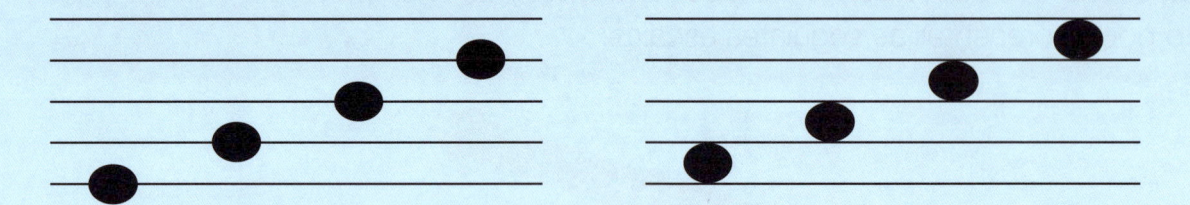

FERNANDO JOSÉ FERREIRA

Vamos testar?

1. Solfejar é ler ou cantar um trecho musical pronunciando apenas o nome das notas musicais. Seguindo as orientações do professor, solfeje com os colegas.

Dó, ré, mi, fá, fá, fá,
Dó, ré, dó, ré, ré, ré,
Dó, sol, fá, mi, mi, mi,
Dó, ré, mi, fá, fá, fá.

Da tradição popular.

ALAN CARVALHO

2. Escreva a escala de:

a) **ré**.

_____

_____

b) **mi**.

_____

_____

3. Complete a frase com as palavras **graves** e **agudas**.

Uma escala em movimento descendente é aquela que começa com as notas mais _____ até chegar às notas mais _____.

4. No espaço a seguir, represente uma escala em **lá**, em movimento descendente. Use uma régua para traçar a seta.

5. No pentagrama a seguir, desenhe notas musicais utilizando as linhas e os espaços. Comece usando a primeira linha, depois o primeiro espaço, e assim por diante.
Lembre-se de que as notas devem ser escritas em forma ovalada, de baixo para cima e da esquerda para a direita.

_____

_____

_____

_____

UNIDADE 4
Desenho e esboço

PETER PAUL RUBENS – MUSEU REAL DE BELAS-ARTES DA BÉLGICA, BRUXELAS

Peter Paul Rubens. *Quatro estudos para cabeça de um mouro*, 1640. Óleo sobre tela (transferido de painel), 51 x 66 cm. Museu Real de Belas-Artes, Bruxelas, Bélgica.

Converse com os colegas.

1. O que mais chamou sua atenção nessa reprodução da obra *Quatro estudos para cabeça de um mouro*?
2. O que é "mouro"?
3. Você acha que essa obra está finalizada? Por quê?
4. Você gosta de desenhar? Se sim, o quê?

CAPÍTULO 1 — Desenho

Antigamente, como não havia recursos, como máquina fotográfica, filmadora ou celular com câmera fotográfica, os artistas que queriam registrar imagens de lugares, pessoas, animais, objetos para mais tarde lembrar como eram usavam cadernos de desenho.

Nesses cadernos, os artistas faziam desenhos com lápis preto ou com outros materiais, como carvão, nanquim, aquarela, tinta a óleo, e anotavam detalhes que achassem importantes. Assim, eles tinham como relembrar detalhes e cores quando decidiam pintar algum dos temas registrados nos cadernos.

Observe a reprodução de uma página com desenhos que o pintor alemão Albrecht Dürer fez em uma viagem.

> **Nanquim:** tinta de cor preta muito usada em desenho por sua nitidez e boa fixação em papel.

Albrecht Dürer. *Desenhos de animais e paisagens* (detalhe), 1521. Nanquim e tintas azul, cinza e rosa sobre papel, 26,5 x 39,7 cm. Instituto de Arte Sterling e Francine Clark, Williamstown, Massachusetts, EUA.

Mais tarde, os cadernos de desenhos passaram a ser usados para que o artista tivesse uma ideia de como ficaria uma obra que pretendia pintar.

Observe as reproduções a seguir, feitas pelo pintor francês Claude Monet. Primeiro, a imagem foi feita no caderno de desenhos dele e, depois, em uma tela.

Claude Monet.
Jovens em um barco,
sem data. Lápis sobre papel,
23,5 x 31,5 cm.
Museu Marmottan Monet,
Paris, França.

Claude Monet.
Jovens em um barco a remo, 1887.
Óleo sobre tela, 145 x 133 cm.
Museu Nacional de Arte
Ocidental, Tóquio, Japão.

A composição da imagem

O desenho é parte importante do processo de criação artística. Desenhando é possível representar pessoas e objetos. Um artista pode planejar a disposição de linhas, formas e cores em suas obras. Essa distribuição de elementos na obra artística é chamada de composição.

O artista pode usar linhas e o contraste entre as partes iluminadas e as partes que ficam na sombra para dar a impressão de volume, isto é, dar a ideia de tamanho ao que está desenhando.

Observe o desenho abaixo. Nele, o ilustrador aproveitou a cor branca do papel, deixando algumas áreas quase sem traços de lápis para representar as partes em que a luz atinge a superfície dos objetos desenhados.

Converse com os colegas. Depois, registre suas respostas.

1. Você imaginava que os artistas faziam desenhos para ter ideia de como suas obras ficariam depois de prontas? Você acha que isso é importante para conseguir o resultado desejado?

_____
_____

2. Que objetos você consegue identificar no desenho da página anterior?

_____
_____
_____
_____

3. De que lado está vindo a luz que ilumina esses objetos? Como você conseguiu perceber isso?

_____
_____
_____
_____
_____

4. Com os colegas, use uma lanterna para projetar em uma das paredes a sombra de um objeto que vocês usam em sala. Testem iluminar o objeto de vários ângulos. Agora, respondam.

a) A sombra do objeto ficava sempre na mesma posição na parede? Explique.

_____
_____
_____

b) A sombra do objeto tinha sempre o mesmo formato? Explique.

_____
_____
_____

c) A luz iluminava sempre as mesmas áreas do objeto? Explique.

_____
_____
_____

5. Que tal ter uma pasta para você guardar os desenhos e rascunhos que produz em folhas avulsas? Se você decidir montar uma pasta, no final desta unidade há orientações para isso.

Mãos à obra

Agora, no espaço a seguir, desenhe um objeto de sua escolha. Use um lápis preto para desenhar as linhas do objeto e marcar as áreas iluminadas e as áreas com sombra para dar volume ao que está desenhando.

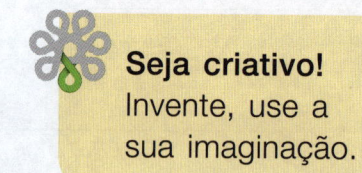

Seja criativo! Invente, use a sua imaginação.

CAPÍTULO 2 Esboço

Antigamente, para um artista trabalhar produzindo quadros, precisava prestar exame na corporação que regulava esse tipo de trabalho. Se ele fosse aprovado, recebia o título de "mestre pintor" e podia abrir um estúdio.

Corporação: associação que reúne membros de uma mesma profissão.

Como não havia escolas que ensinassem arte, um jovem que quisesse iniciar a carreira de pintor precisava ser aceito como aprendiz em um estúdio. Lá, ele aprendia a preparar tintas e a fazer telas e pincéis. E, aos poucos, passava a pintar pequenas áreas de uma obra.

Observe a reprodução de um desenho que mostra o estúdio de pintura de um artista do século 15. No centro da imagem, está o mestre pintando; ao redor dele, os aprendizes estão desempenhando diferentes tarefas.

Giovanni Stradano. "Estúdio de artista ou a descoberta da tinta a óleo", detalhe da prancha 15 da obra *Novas descobertas*, impressa por Philip Galle (1537-1612), cerca de 1600. Essa imagem foi colorizada após sua primeira publicação. Coleção particular.

Com o tempo, os aprendizes passavam a copiar esboços para o suporte definitivo para que depois o mestre pintor finalizasse a obra.

Esses esboços podiam ser pinturas de detalhes de roupas, pés, mãos, joias. E eram feitos sobre diferentes suportes: papel, pergaminho, tela, madeira.

> **Esboço:** desenho de parte de uma imagem, em geral em tamanho pequeno, feito para que o artista tenha ideia de como ela vai ficar na obra definitiva.

Atribuído a Leonardo da Vinci. *Esboço para roupa de figura sentada*, 1470-1484. Óleo sobre tela, 26,6 x 23,3 cm. Museu do Louvre, Paris, França.

Esboços de dobras de roupa, por exemplo, serviam para mostrar como os efeitos de luz e sombra criavam a ilusão de volume em uma superfície plana. É por isso que os esboços, geralmente, eram feitos em gradações de uma única cor.

> **Gradação:** mudança por etapas de uma tonalidade para outra.

Os esboços também podiam ser usados mais de uma vez. Na abertura desta unidade, você observou o esboço que o pintor Peter Paul Rubens fez para a cabeça de um homem em várias posições.

Esse esboço foi usado em diferentes obras do pintor, como na tela reproduzida abaixo.

Nessa tela, o homem retratado no esboço representa o rei mago Gaspar. De acordo com a tradição católica, ele levou incenso de presente para o Menino Jesus.

Observe a reprodução da obra e o detalhe da cabeça, ampliado, ao lado da tela.

Peter Paul Rubens. Detalhe de *Adoração dos magos*.

Peter Paul Rubens. *Adoração dos magos*, 1626-1629. Óleo sobre tela, 283 x 219 cm. Museu do Louvre, Paris, França.

Por detrás de uma obra

Mais tarde, os artistas não precisavam mais ter estúdios nem ajudantes para trabalhar. Eles também passaram a pintar o esboço diretamente sobre o suporte da obra definitiva. E, quando achavam necessário, faziam mudanças na própria pintura.

Observe abaixo a reprodução de uma tela finalizada e, ao lado dela, uma imagem dessa mesma obra feita com raios X. Essa segunda imagem mostra o que foi planejado pelo pintor antes de ele terminar a tela.

Por meio dos raios X, descobriu-se que o esboço foi feito diretamente sobre a tela. Ao comparar as imagens, vemos que o artista desistiu de pintar a mulher adulta que tinha esboçado no canto direito da tela. E que também mudou a posição da cabeça e a expressão da menina do meio.

George Romney. *Os irmãos Hartley*, 1781-1783. Óleo sobre tela, 157,5 x 119 cm. Instituto de Arte, Detroit, EUA.

Radiografia da tela *Os irmãos Hartley*, 2006. Instituto de Arte, Detroit, EUA.

Mãos à obra

Que tal pintar o esboço de um objeto que você usa na escola? Para isso, você vai trabalhar com gradações da cor cinza.

Materiais

- Tampa de caixa de *pizza*
- Pincel
- Prato plástico
- Recipiente plástico com água
- Tinta guache nas cores preta e branca
- Objeto a ser esboçado
- Papel absorvente
- Colher plástica

Como fazer

1. Usando a colher, ponha no prato uma porção de tinta preta. Limpe a colher com o papel absorvente e coloque uma porção de tinta branca longe da porção de tinta preta.

2. Prepare três misturas dessas cores: uma mais clara, com mais guache branco do que preto; uma média, com partes iguais das tintas branca e preta; e uma mais escura, com mais guache preto do que branco.

3. Coloque o objeto que vai esboçar próximo a você. Com a cor mais escura, trace os contornos dele no suporte. Em seguida, acrescente detalhes, como dobras e áreas em que a sombra do objeto é projetada.

4. Com a cor média, preencha as áreas sombreadas do objeto para dar as formas e a ideia de volume. Use a cor mais clara para o indicar onde a luz bate no objeto. Pronto, seu esboço está finalizado. Agora é só colocar a data e assinar!

Desenho do corpo humano

Um artista não precisa desenhar objetos e pessoas de maneira realista, mas há técnicas que ajudam a fazer isso. Essas técnicas, no entanto, exigem treino. Veja algumas delas a seguir.

O corpo humano é dividido em três partes: cabeça; tronco, formado por pescoço, tórax e abdome; e membros, que são as pernas e os braços.

Para desenhar a figura humana, podemos usar a medida padrão. A base para essa medida é o tamanho da cabeça do modelo. Observe as ilustrações abaixo e leia as legendas que indicam o uso da medida padrão.

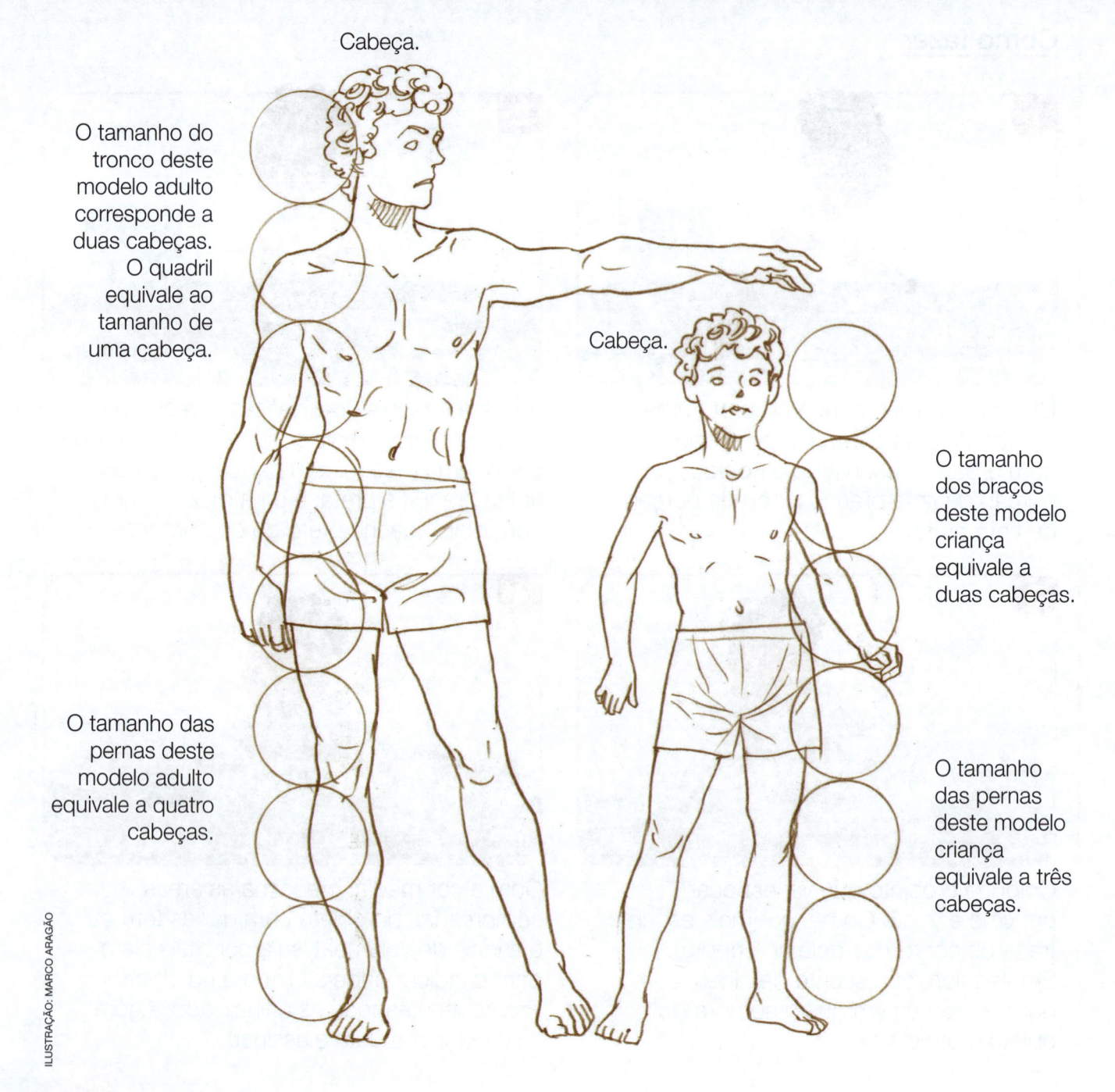

Cabeça.

O tamanho do tronco deste modelo adulto corresponde a duas cabeças. O quadril equivale ao tamanho de uma cabeça.

Cabeça.

O tamanho dos braços deste modelo criança equivale a duas cabeças.

O tamanho das pernas deste modelo adulto equivale a quatro cabeças.

O tamanho das pernas deste modelo criança equivale a três cabeças.

Mãos à obra

Pesquise em revistas ou jornais uma foto que mostre o corpo inteiro de uma pessoa em pé. Recorte e cole no espaço a seguir. Depois, meça a cabeça de seu modelo da foto e verifique se as partes do corpo dele correspondem à medida padrão.

O rosto humano

Para desenhar o próprio rosto ou o rosto de outra pessoa, primeiro é necessário observá-lo atentamente. Algumas técnicas podem ser usadas para ajudar nesse tipo de desenho.

Antes de começar a desenhar, observe a forma do rosto da pessoa que será retratada. Preste atenção também no formato do queixo, pois isso vai ajudar na composição.

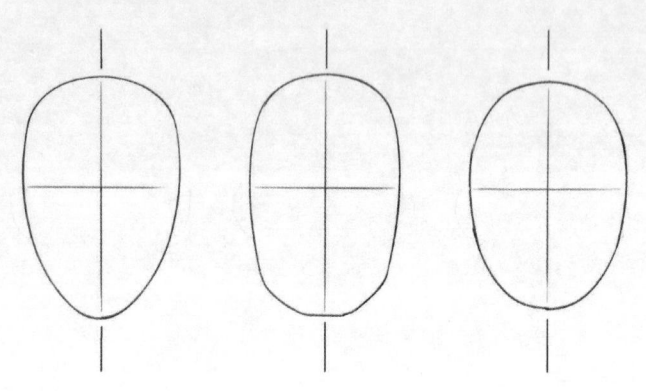

Da esquerda para a direita: o formato do rosto pode ser oval, quadrado ou redondo.

Testa

É a partir da definição do tamanho da testa que você marcará as linhas das sobrancelhas.

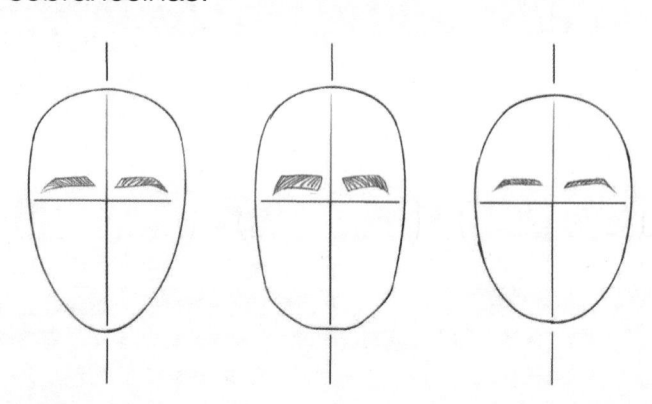

Preste atenção no formato das sobrancelhas do retratado.

Olhos

Outros aspectos importantes a observar são o tamanho e o formato dos olhos e a distância que há entre eles.

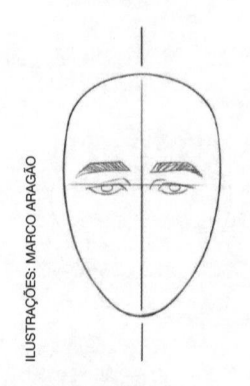

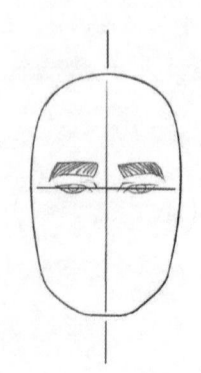

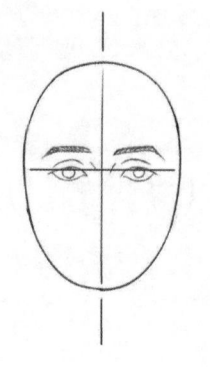

Os olhos não devem ultrapassar as extremidades das sobrancelhas.

Nariz e boca

Observe atentamente a largura das narinas, a distância entre o nariz e a boca, a espessura dos lábios e a distância entre a boca e o queixo.

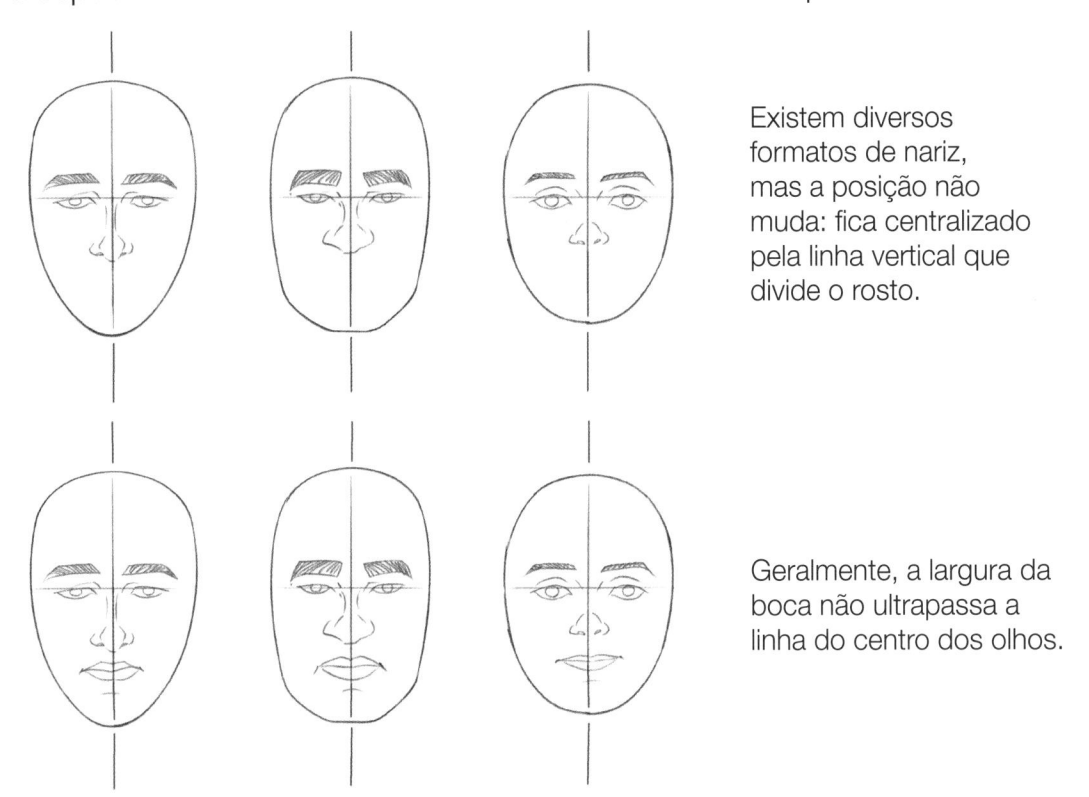

Existem diversos formatos de nariz, mas a posição não muda: fica centralizado pela linha vertical que divide o rosto.

Geralmente, a largura da boca não ultrapassa a linha do centro dos olhos.

Detalhando o desenho

Depois de desenhar a parte central do rosto, faça a orelha abaixo da linha da sobrancelha, entre os olhos e o nariz.

A linha dos cabelos é iniciada no topo da cabeça. A partir dela, trace o tamanho e o formato dos fios de cabelo.

Dê o acabamento que achar necessário, como o desenho dos cílios e de expressões do rosto.

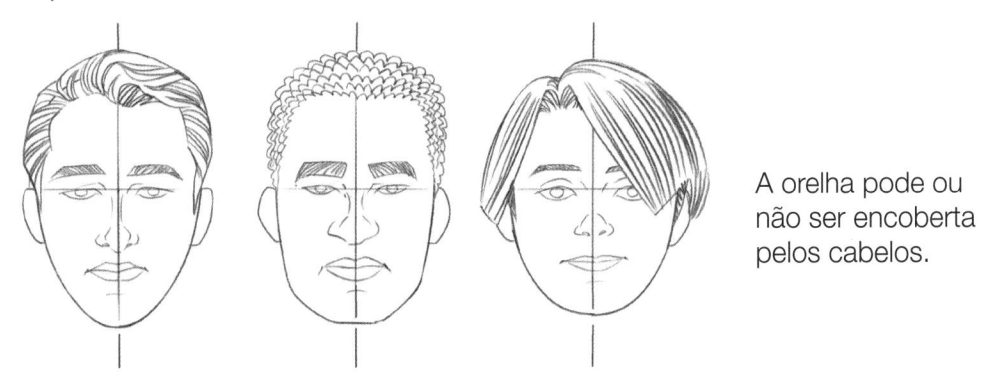

A orelha pode ou não ser encoberta pelos cabelos.

Essas indicações são apenas para você conhecer algumas técnicas de desenho do corpo humano. Mas, se você realmente quiser desenhar dessa maneira realista, lembre-se de que é preciso praticar bastante.

Mãos à obra

Agora, que tal desenhar rostos? Primeiro, você vai praticar o desenho nos formatos de rosto desenhados a seguir. Depois, vai escolher um desses formatos e fazer um rosto completo nas linhas traçadas abaixo.

Aproveite o que já sabe!
Use o que aprendeu até agora para fazer seu desenho.

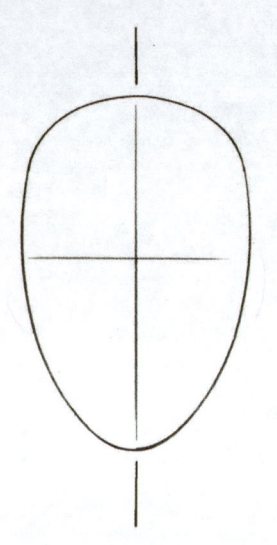

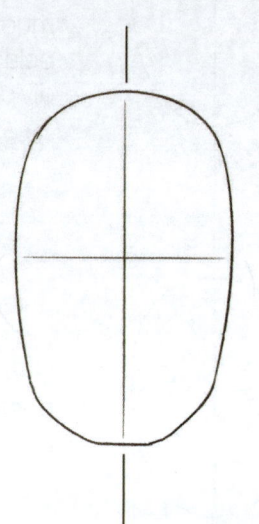

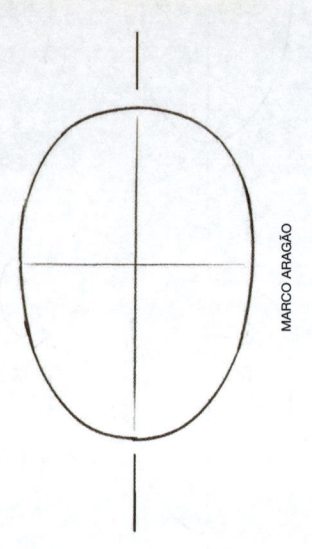

Para fazer com os colegas

Vocês montarão uma pasta com os trabalhos de desenho e esboço que desenvolveram até agora.

Uma pasta desse tipo é chamada de portfólio. Ela permite que vocês vejam os trabalhos que desenvolveram e percebam como seu traço e pintura progrediram ao longo das aulas.

Vejam algumas indicações de como desenvolver essa tarefa.

1. Para montar a pasta, vocês podem usar sacos plásticos de fichário. Eles já vêm com furos em uma das laterais para serem presos à pasta.
2. Acomodem cada trabalho em um saquinho.
3. Assim que todos os trabalhos estiverem ensacados, coloquem-nos em ordem de data: o mais antigo fica no primeiro saquinho, e o mais recente deve ficar por último.
4. Recortem um pedaço de papelão, de cartolina usada ou outro papel firme no tamanho dos sacos plásticos. Em seguida, marquem nele furos iguais aos dos sacos plásticos e usem um lápis ou uma tesoura com pontas arredondadas para furar o papelão.
5. Ponham o papelão depois do último saquinho.
6. Depois de tudo organizado, unam o papelão e os sacos passando um fitilho pelos furos e dando um laço para prendê-los. Ajudem os colegas nessa etapa do trabalho.
7. Depois de folhear a pasta e apreciar sua produção, troque de pasta com os colegas para conferir as produções deles!

UNIDADE 5
Literatura de cordel

Literatura de cordel à venda no Centro Luiz Gonzaga de Tradições Nordestinas, no Rio de Janeiro (RJ). Foto de 2012.

Converse com os colegas.

1. O que você sabe sobre literatura de cordel?
2. Que tipos de história são contados nas obras de cordel?
3. Quem produz essas obras?

CAPÍTULO 1 — A arte e a cultura popular

A literatura de cordel surgiu em Portugal e na Espanha há cerca de 500 anos, quando era conhecida como "folhas soltas" ou "volantes".

Essa literatura foi trazida ao Brasil pelos portugueses e se tornou popular no Nordeste.

Os textos de cordel são geralmente baseados em histórias orais transmitidas pelo povo, de geração a geração, ou tratam da realidade do homem nordestino, sobretudo do sertanejo.

Leandro Gomes de Barros, na foto ao lado, é considerado o primeiro escritor brasileiro de literatura de cordel. Ele teve 240 cordéis publicados.

Leia abaixo um trecho de um cordel que ele escreveu sobre a seca no estado do Ceará. Ao lado do texto, faça um desenho para expressar o que sentiu com essa leitura.

Sertanejo: habitante do sertão; interiorano.

Leandro Gomes de Barros (1865-1918). Fotografia, cerca de 1913.

A seca do Ceará

Seca as terras
As folhas caem,
Morre o gado, sai o povo,
O vento varre a campina,
Rebenta a seca de novo;
Cinco, seis mil emigrantes
Flagelados retirantes
Vagam mendigando o pão,
Acabam-se os animais
Ficando limpos os currais
Onde houve a criação. [...]

Leandro Gomes de Barros.
Disponível em: <http://mod.lk/leandro>.
Acesso em: 26 jul. 2018.

Ainda hoje, os folhetos com as histórias ficam pendurados em barbantes e são vendidos em praças ou feiras. E há textos de cordel para adultos e para crianças.

Além dos folhetos tradicionais, há literatura de cordel também em livros impressos que são vendidos em livrarias ou pela internet.

Leia agora um trecho de *A terrível história da Perna Cabeluda*, do cordelista Guaipuan Vieira. O texto trata de um bicho medonho que causa medo em quem o vê.

Audiovisual
Literatura de cordel

A terrível história da Perna Cabeluda

Santo Deus Onipotente
Venho rogar Vossa ajuda
Pra afastar assombração
De todo mal nos acuda
Principal desse fantasma
Que é a Perna Cabeluda.

É um bicho horripilante
Que na noite entra em ação
Tem dois metros de altura
E pula como cancão
No joelho tem um olho
Aceso que nem tição.

O nariz é bem pontudo
Além da boca rasgada
As presas são dum felino
Língua com a ponta cortada
Tem barbicha que nem bode
Cada unha é envergada.

Faz um barulho medonho
Como chocalho de cobra
É o rangido dos dentes
Da energia que sobra
Limpa o nariz com a língua
Dança fazendo manobra.
[...]

Tem enorme cabeleira
No lugar que foi cortado
Que sacode sobre a perna
Girando de lado em lado
De jaguar são as orelhas
E há pelo aveludado.

Pense então na coisa feia
Multiplique o seu pensar
Pois é assim que a coisa
Anda em noite de luar
E também na escuridão
Pra poder se ocultar. [...]

Guaipuan Vieira. *A terrível história da Perna Cabeluda*. Disponível em: <http://mod.lk/guaipuan>. Acesso em: 26 jul. 2018.

Cancão: ave da família do corvo, que habita o Nordeste e o Centro-Oeste do Brasil.

Tição: carvão aceso; brasa.

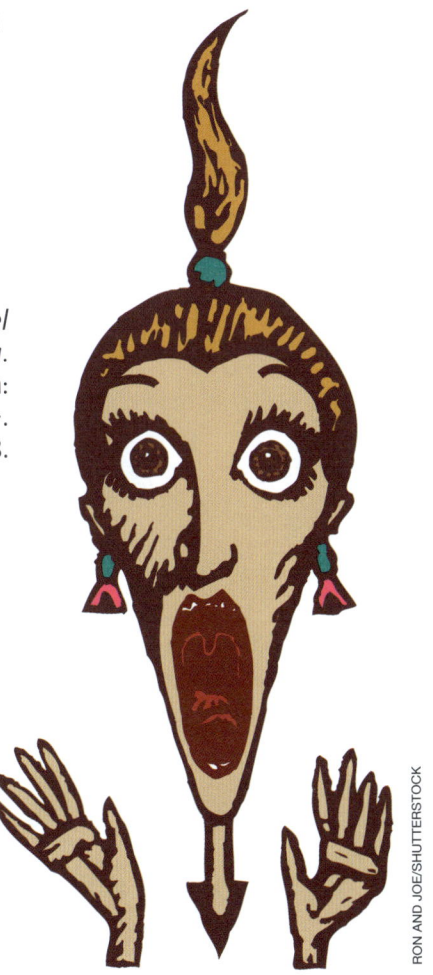

Converse com os colegas. Depois, registre suas respostas.

1. Explique com suas palavras o que é literatura de cordel e quais são os temas mais comuns que ela aborda.

_____
_____
_____
_____
_____
_____

2. Faça um desenho inspirado em um dos temas mais comuns da literatura de cordel.

A gravura

As imagens que acompanham os versos da literatura de cordel ajudam a contar a história.

Geralmente, essas imagens são produzidas com a técnica da gravura, que é uma arte muito antiga de imprimir imagens com o uso de uma matriz.

> **Matriz:** placa de madeira, metal ou pedra, entalhada e/ou em relevo, da qual se fazem cópias em papel.

Dependendo do material usado na matriz, a gravura recebe um nome diferente. A matriz da xilogravura é a madeira; a matriz da litogravura é a pedra; a da calcogravura é o metal.

Nessas técnicas de impressão, a imagem da matriz é transferida para um suporte, como papel ou tecido.

Matrizes de madeira (à esquerda) e de pedra (à direita) de onde estão retirando uma gravura. Depois que as cópias secam, são numeradas e assinadas pelo artista. Fotos de 2014.

Matriz de metal.

A matriz é como um carimbo. Com ela, a imagem pode ser reproduzida (gravada) diversas vezes. Por isso, essa técnica é chamada de gravura. E a pessoa que produz ou imprime a matriz é chamada de gravador.

Na literatura de cordel, a técnica usada para produzir as imagens que ilustram os textos é a xilogravura, que usa madeira como matriz.

O artista entalha o desenho na madeira com ferramentas, como a goiva e o macete de madeira usados na foto acima.

Gravuras coloridas

As xilogravuras coloridas foram e ainda são produzidas por gravuristas de todo o mundo. Algumas xilogravuras de artistas japoneses, por exemplo, são consideradas obras-primas nesse tipo de arte.

Observe a seguir a reprodução de uma xilogravura produzida pelo artista japonês Katsushika Hokusai.

A xilogravura faz parte de um livro, com uma série de xilogravuras do artista, chamado *Trinta e seis vistas do monte Fuji*.

Katsushika Hokusai. *A grande onda de Kanagawa*, cerca de 1830-32. Xilogravura, tinta colorida sobre papel, 25,7 x 37,9 cm. Biblioteca do Congresso, Washington, EUA.

No passado, a gravura no Brasil era feita em preto e branco, pois era a forma mais simples e barata de fazer impressão de imagens e textos, principalmente no caso da xilogravura usada nos folhetos de cordel.

Reprodução da capa do folheto de cordel *ABC de Maria Bonita, Lampião e seus cangaceiros*, escrito por Rodolfo Coelho Cavalcante e com xilogravura de Minelvino Francisco Silva, 1976.

Com o tempo, em vez da tinta de cor preta, os gravadores passaram a usar outras cores, como a vermelha e a azul.

Entintar: aplicar rolo com tinta sobre uma matriz ou molde.

Para entintar a matriz com uma única cor, passa-se um pequeno rolo com tinta sobre a superfície.

79

Atualmente, os gravadores produzem xilogravuras em cores variadas e há diversos métodos para produzir gravuras com mais de uma cor.

O gravador pode fazer várias matrizes, sendo uma matriz para cada cor usada. Ele imprime uma cor e deixa o papel secar em um varal. Depois, imprime outra cor no mesmo papel, e assim por diante.

A matriz também pode ser pintada com pincel: cada área em relevo recebe a cor escolhida pelo artista, como se ele estivesse pintando um quadro. Assim, na impressão, as cores já estão todas aplicadas.

Nas imagens a seguir, mostramos uma matriz pintada com pincel e a impressão dela em papel. Observe.

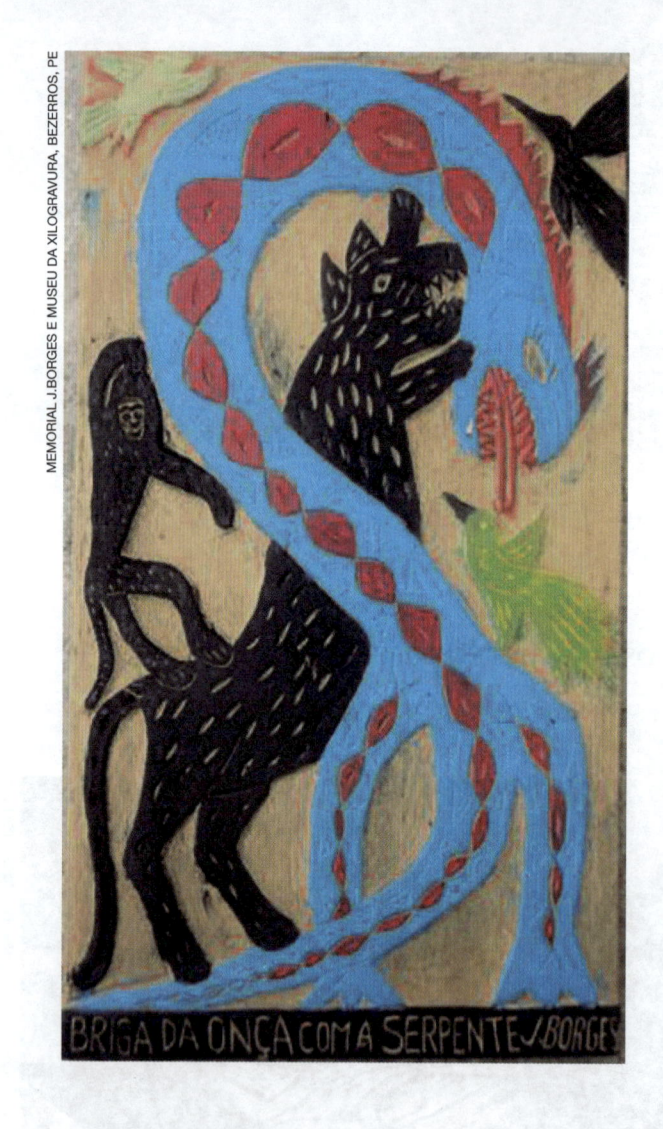

J. Borges. Matriz (acima) e xilogravura (à direita), 30 x 52 cm. *Briga da onça com a serpente*, 1992. Memorial J. Borges e Museu da Xilogravura, Bezerros (PE).

Alguns cordelistas também são gravadores de imagens. Um deles é o pernambucano José Francisco Borges, ou J. Borges, como ele prefere ser chamado.

J. Borges é considerado o maior gravador popular em atividade no Brasil. Ele costuma pintar a matriz de suas xilogravuras usando pincel.

J. Borges em seu ateliê, entalhando uma matriz para xilogravura. Foto de 2012.

Pela qualidade de seu trabalho como gravurista, J. Borges foi convidado para dar aulas de xilogravura e entalhamento em madeira na Europa e nos Estados Unidos.

Identificação das gravuras

Normalmente, um gravador produz diversas cópias de uma mesma gravura e ela recebe dois números.

Um número corresponde à quantidade de reproduções dessa gravura e o outro identifica a ordem da gravura nessa série de reproduções.

Dessa maneira, o artista não perde a contagem das cópias que fez e a pessoa que compra sabe o número de cópias que foram feitas antes da sua.

No passado, o gravador não determinava uma tiragem para a gravura. Ele ia reproduzindo a matriz de acordo com os pedidos que recebia e, às vezes, a matriz ficava gasta, o que comprometia a qualidade da gravura.

Atualmente, o artista define quantas cópias de uma matriz vão ser feitas e as numera e assina.

Oswaldo Goeldi. *Chuva*, cerca de 1957. Xilogravura em cores, 2/12, 22 x 29,5 cm. Coleção particular.

Por convenção, coloca-se na parte inferior da gravura o título da obra, o número da cópia e a tiragem. A assinatura do artista geralmente fica no canto inferior direito. Observe.

Tiragem: número de exemplares impressos de uma só vez ou em cada edição.

Convenção: prática adotada em certas atividades, em especial nas artísticas.

Oswaldo Goeldi. Detalhes de *Chuva*, cerca de 1957.

Converse com os colegas. Depois, registre suas respostas.

1. No total, a matriz da xilogravura *Chuva* foi reproduzida quantas vezes?

_____

2. A imagem reproduzida neste livro mostra qual das cópias dessa xilogravura?

_____

Mãos à obra

Agora, você vai produzir uma isogravura, que é a gravura feita em uma matriz de isopor. Para isso, siga o roteiro.

Material

- Bandeja de isopor – daquelas que vêm com alimentos
- Folhas de papel sulfite branco ou colorido
- Rolinhos de espuma para pintura
- Lápis preto ou caneta esferográfica
- Pratinhos plásticos
- Tesoura com pontas arredondadas
- Tinta guache de diversas cores
- Folhas de jornal

> **Vá com calma!**
> Não tenha pressa. Pense bem antes de fazer a sua gravura.

Como fazer

1 Forre o local de trabalho com jornal. Com a tesoura, recorte as bordas da bandeja, pois você só vai usar a parte plana do isopor.

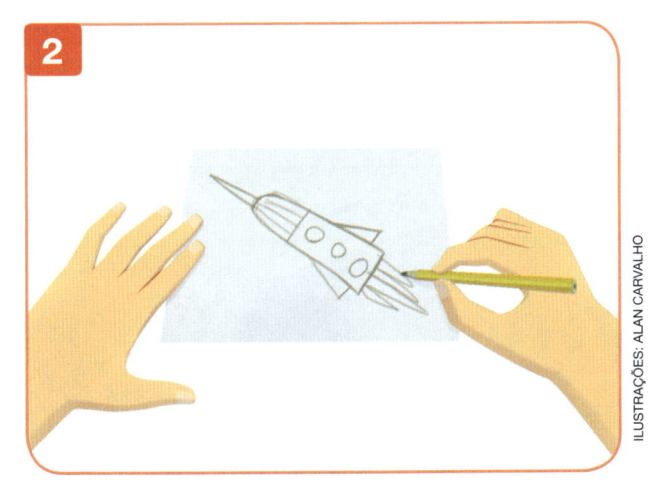

2 Faça um desenho em uma folha de papel que tenha o tamanho da bandeja.

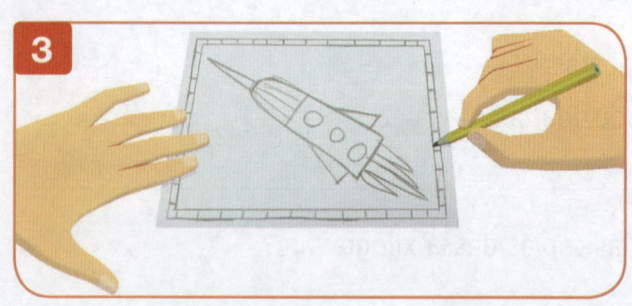

3. Se quiser, você pode colocar uma borda à volta do desenho para que a gravura fique bem-acabada quando for impressa.

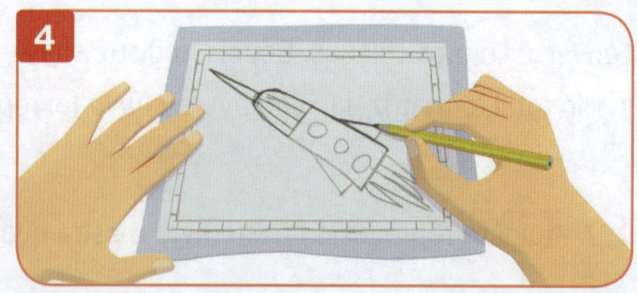

4. Coloque o desenho sobre o isopor e passe o lápis com um pouco de força sobre os traços do desenho para que ele fique bem marcado no isopor. Se precisar, reforce com o lápis o desenho sobre a placa.

5. Ponha um pouco de guache no pratinho plástico e passe o rolinho na tinta várias vezes.

6. Passe o rolinho sobre a superfície da placa de isopor.

7. Coloque uma folha de papel sobre o isopor entintado.

8. Segurando um dos lados da folha, deslize a mão sobre o papel para transferir o desenho para ela.

9. Retire o papel do isopor com cuidado para não borrar. Sua gravura está pronta!

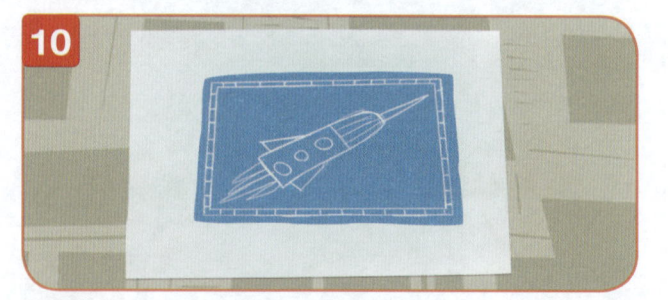

10. Espere secar, dê um título para ela e a assine. Se fizer mais de uma gravura usando essa matriz, numere as cópias e assine cada uma delas.

CAPÍTULO 2 — Do Oriente ao Ocidente

A técnica da xilogravura foi criada pelos chineses provavelmente no século 6. Depois os japoneses desenvolveram essa técnica. Do Japão, a xilogravura foi levada para a Europa e, de lá, foi trazida ao Brasil pelos portugueses.

A xilogravura abaixo mostra três artistas japonesas preparando xilogravuras: a que está ao fundo entalha a madeira de uma matriz; a que está no meio esboça imagens na superfície da madeira, que depois serão entalhadas; e a que está na parte inferior da imagem prepara a tinta.

Utamaro Kitagawa. *Três xilogravuristas*, cerca de 1803. Xilogravura, 74,4 x 38,5 cm. Instituto de Arte de Chicago, Chicago, EUA.

Cordel cantado

No Nordeste, os textos de cordel começaram a ser impressos apenas no final do século 19. Antes, os versos eram cantados por emboladores de coco.

Com o tempo, os versos passaram a ser impressos para que não fossem esquecidos. Mas, como havia muitas pessoas que não sabiam ler, os versos passaram a ser declamados em voz alta em praças públicas.

A seguir apresentamos um texto de cordel que foi composto pelo cordelista Evanildo Pereira. Ouça o áudio acompanhando o texto.

> **Embolador:** quem compõe e/ou canta embolada.
> **Dissertativo:** expor algum assunto de modo detalhado, oralmente ou por escrito.
> **Cativo:** dominado.
> **Feição:** aparência exterior.
> **Erudita:** culta, instruída.

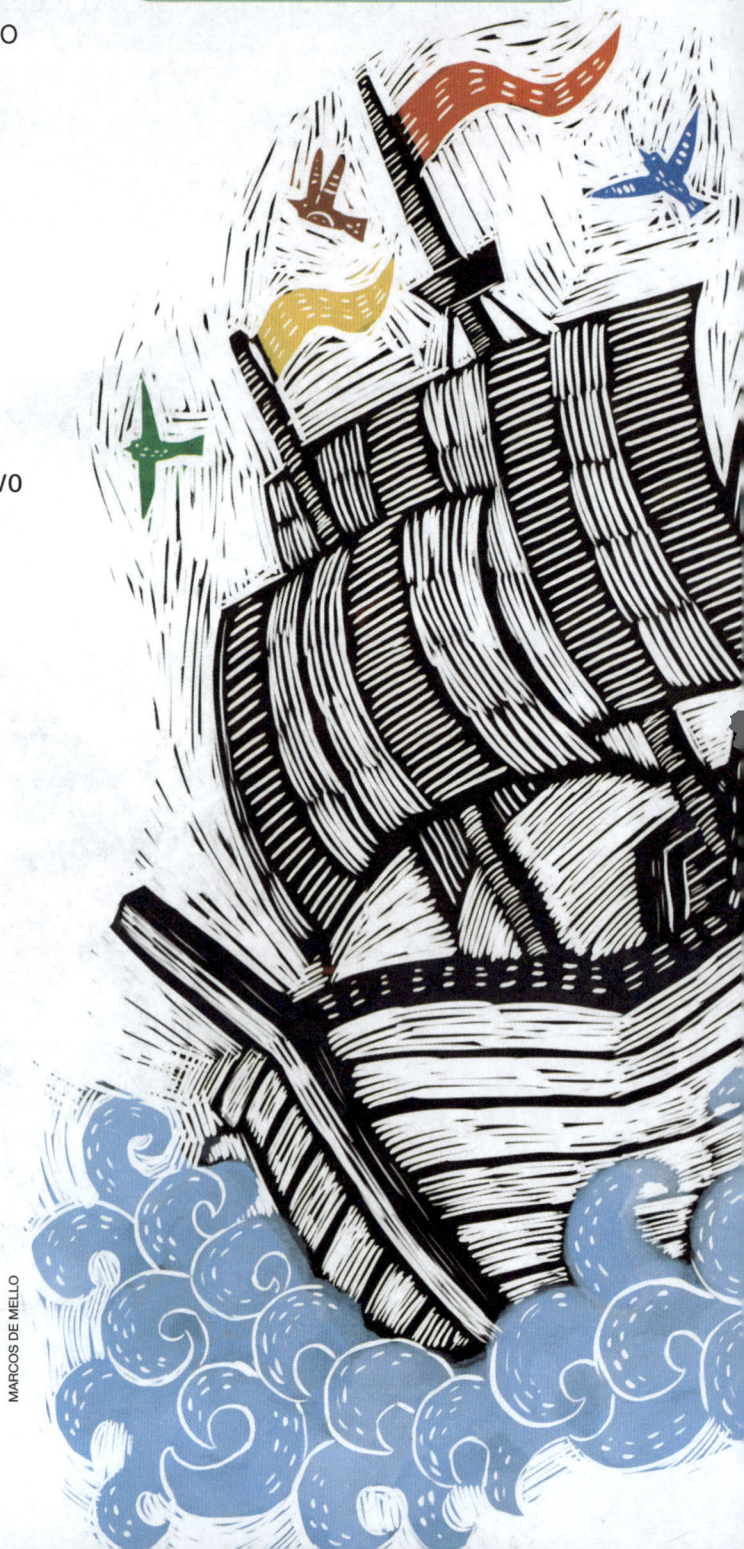

Áudio
Cordel, de Evanildo Pereira e Orlando Dias

Cordel

Antes que eu diga a origem do cordel que ainda é vivo
Vou no significado de modo dissertativo
Cordel quer dizer cordão, mas é no diminutivo.

O Brasil era cativo da corte de Portugal
De lá o cordel chegou, um folheto original
Que circulou no sertão como se fosse um jornal.

Entre Espanha e Portugal o cordel ganhou feição
Mas ao chegar no Nordeste teve maior projeção
Estrutura e preferência, poesia e perfeição.

Rima, métrica e oração tem que ter o menestrel
Temas diversificados são botados no papel
Permanecendo a origem da cultura de cordel.

Denominação cordel é de origem erudita
Na capa, xilogravura, não há coisa mais bonita
No miolo, a poesia, outra grandeza infinita.

O cordel que a gente cita sobre vilões e heróis
Ganhou força de Cervantes, Castro e Rachel de Queiroz
A Europa lhe deu vida, mas quem lhe criou foi nós.

O cordel de vez e voz era narrado direto
A Paraíba seu berço, foi o Nordeste o seu teto
Leandro Gomes de Barros, o seu autor mais completo.

Houve um elenco completo de poeta cordelista
Cuíca de Santo Amaro, João Batista Evangelista
João Martins de Ataíde, Francisco Chagas Batista.

O cordel deu projeção até para os festivais
Está inserido nas músicas e em peças teatrais
Só faltava ir pras escolas, agora não falta mais.

Letra e música de Evanildo Pereira. Canção criada especialmente para a edição de 2017.

Cervantes: referência a Miguel de Cervantes, um dos maiores escritores espanhóis.

Castro: referência a Castro Alves, um dos maiores poetas brasileiros.

Rachel de Queiroz: referência a uma das maiores escritoras brasileiras.

1. Você já conhecia esse tipo de canção? O que achou dessa que acabou de ouvir?

_____
_____
_____
_____
_____

2. Ao longo dos versos, o compositor usou uma linguagem mais próxima da falada no dia a dia, como nas frases "... são botados no papel" e "... quem lhe criou foi nós". Na sua opinião, essa linguagem está "correta"? Justifique sua resposta.

Organize seus pensamentos antes de falar ou escrever! Capriche na hora de explicar suas ideias.

_____
_____
_____
_____
_____

Musicando

Geralmente, os cordelistas acompanham a declamação do texto com viola caipira.

Viola caipira.

Converse com os colegas e o professor. Depois, registre sua resposta.

- No caso do cordel, o instrumento musical faz apenas acompanhamento dos versos e torna mais agradável e harmônico cantá-los ou declamá-los. Na sua opinião, que outros instrumentos poderiam ser usados para esse mesmo fim? Por quê?

_____
_____
_____
_____
_____
_____
_____

Notação musical

A posição de uma nota no pentagrama indica a altura do som. Quanto mais alta a nota musical estiver no pentagrama, mais aguda ela será.

No exemplo a seguir, a nota escrita na terceira linha é mais aguda que a grafada no primeiro espaço.

Assim, a posição das notas nas linhas ou nos espaços do pentagrama indica a relação de altura (grave e agudo) entre elas.

Mas precisamos de símbolos chamados de **clave** para identificar quais notas estão escritas.

As claves existem para permitir a escrita de composições para vozes ou instrumentos musicais.

Há três tipos de clave: a de **sol**, a de **fá** e a de **dó**.

Elas indicam como ler as notas no pentagrama, pois determinam a posição da nota musical que servirá de referência para a leitura de todas as outras.

Observe a seguir as claves e leia a legenda delas.

A **clave de sol** determina o lugar da nota **sol** no pentagrama.

A **clave de fá** determina o lugar da nota **fá** no pentagrama.

A **clave de dó** determina o lugar da nota **dó** no pentagrama.

A nota que tem o mesmo nome da clave é escrita na linha em que a clave inicia.

Por exemplo, a clave de sol indica a escrita da nota **sol** na segunda linha.

A partir daí, as demais notas são escritas ou nas linhas ou nos espaços, uma após a outra: **sol** na linha, **lá** no espaço, **si** na linha etc.

Em geral, a clave de **sol** é usada para registrar as notas mais agudas, a clave de **fá** é indicada para grafar as notas mais graves e a clave de **dó** é empregada para os sons médios.

A menor distância de uma nota para outra no pentagrama é de um espaço para uma linha ou de uma linha para o espaço mais próximo.

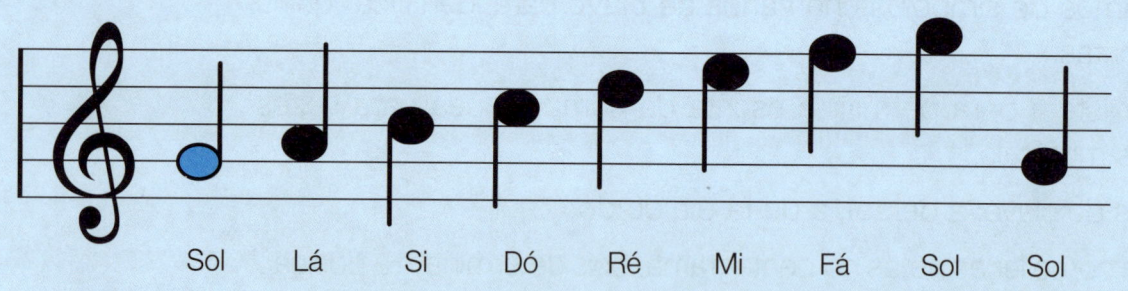

Sol Lá Si Dó Ré Mi Fá Sol Sol

A nota ao final de cada pentagrama é a representação da nota de referência indicada pela clave e que aparece em azul na ilustração.

Se usarmos apenas os quatro espaços e as cinco linhas do pentagrama para a escrita de uma composição musical ou um arranjo vocal, só é possível representar nove notas musicais.

5ª Linha
4º Espaço
4ª Linha
3º Espaço
3ª Linha
2º Espaço
2ª Linha
1º Espaço
1ª Linha

Mas grande parte dos instrumentos musicais apresenta uma extensão maior de notas. Assim, os compositores usam linhas e espaços acima ou abaixo do pentagrama para registrar essa extensão. Essas linhas e espaços são chamados de **suplementares**.

Veja a nota dó e a nota ré que iniciam a pauta a seguir. Elas foram registradas em linha e espaço suplementares, abaixo do pentagrama.

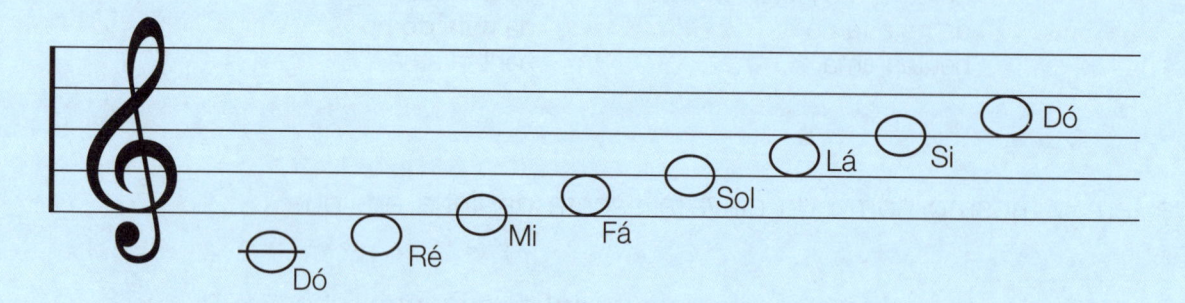

Dó Ré Mi Fá Sol Lá Si Dó

Quando você ouvir suas músicas preferidas, tente perceber como as diferentes propriedades do som resultam numa obra artística.

Por exemplo: as alturas criam as melodias, as durações geram os ritmos, as intensidades conferem expressividade à música e os timbres são as "cores" do som, sua "personalidade".

Vamos testar?

1. No exemplo a seguir, indique qual é a nota mais grave e qual é a mais aguda.

2. Observe os pentagramas a seguir. Neles estão representadas as claves de **dó** e de **fá**. No final de cada pentagrama, escreva nas linhas correspondentes as notas musicais que cada clave representa e anote o nome de cada nota embaixo dela.

a) A **clave de dó** (3ª linha)

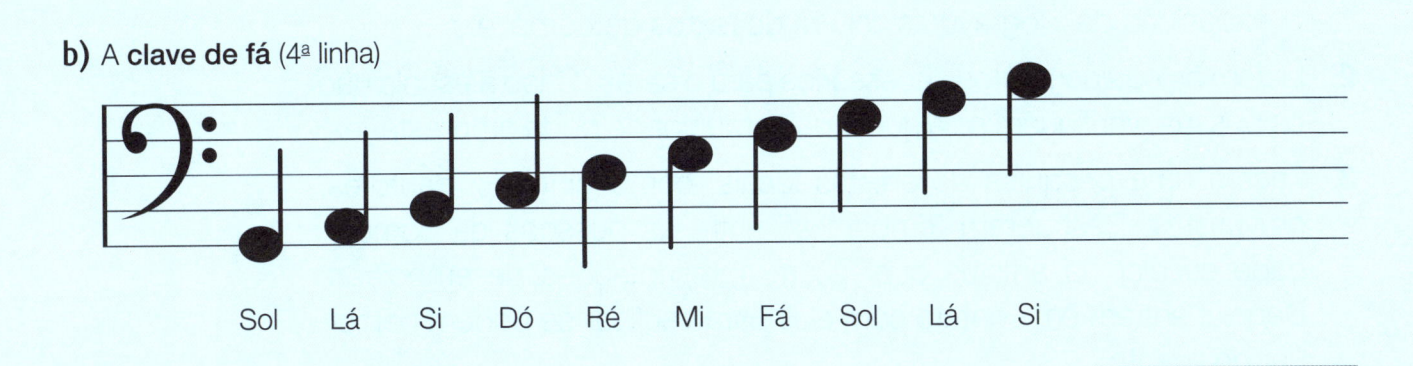

Fá   Sol   Lá   Si   Dó   Ré   Mi   Fá   Sol   Lá

b) A **clave de fá** (4ª linha)

Sol   Lá   Si   Dó   Ré   Mi   Fá   Sol   Lá   Si

3. Circule as notas **dó**.

Para fazer com os colegas

Agora você e os colegas da sala vão organizar um sarau de cordel.

O objetivo de um sarau é divulgar obras literárias, poetas, escritores, artistas plásticos, tanto os conhecidos como os que vivem ou trabalham em seu bairro, cidade ou estado e que a maioria das pessoas ainda não conhece.

Em um sarau podem ser feitas leitura de textos, apresentações de teatro e de música, exposição de fotografias e quadros, oficinas de xilogravura, apresentação de filmes e documentários e de outros recursos audiovisuais.

Para organizar um sarau em sua escola, sigam o roteiro:

1. Façam uma reunião com o professor para definir:

   a) a data e o horário do sarau;

   b) os equipamentos e as tarefas necessários para a realização do evento;

   c) os responsáveis por desenvolver cada uma dessas tarefas e etapas;

   d) quais tipos de apresentação vão promover: exposição de fotos, exposição de xilogravuras, leitura de textos de cordel etc.

2. Listem os equipamentos necessários para o sarau. Caso a escola não os possua, verifiquem se alguém da comunidade pode emprestá-los.

3. Façam uma pesquisa de artistas locais, como pintores, cantores, gravuristas. Descubram também se entre as pessoas da comunidade escolar há artistas que façam apresentações de embolada. Depois, entrem em contato com eles para verificar se podem participar do evento.

4. Planejem a decoração da escola e dos convites de acordo com o tema do cordel:

   a) criem convites para enviar às famílias;

   b) produzam cartazes para fixar na escola e em outros lugares, como no comércio do bairro.

5. Realizem o recital de poesias de cordel.

   Bom evento!!!!

> **Embolada:** forma musical e poética que ocorre nos cocos e desafios caracterizada por textos declamados rapidamente.

Vamos ler

- **Espelho de artista**, de Katia Canton. São Paulo: Cosac Naify, 2004.

    O autorretrato espelha e reflete a importância do artista e também a do mundo e da época em que viveu. Esse livro analisa vários tipos de autorretrato – das marcas de mãos nas cavernas pré-históricas às telas e desenhos criados por grandes artistas, antigos e modernos.

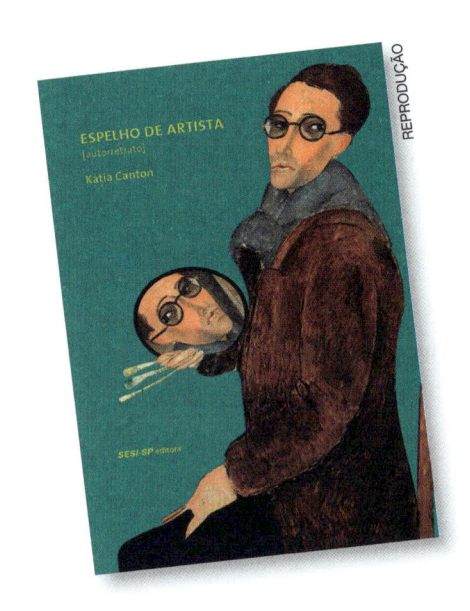

- **Choro e música caipira**, de Carla Gullo, Rita Gullo, Camilo Vannuchi. São Paulo: Moderna, 2016.

    Nesse livro, você vai conhecer a origem do choro, primeiro gênero genuinamente brasileiro, e da música caipira, que surgiu na roça e conquistou as cidades. As melhores histórias, os grandes sucessos e os principais compositores e intérpretes acompanharão o leitor durante todo o livro.

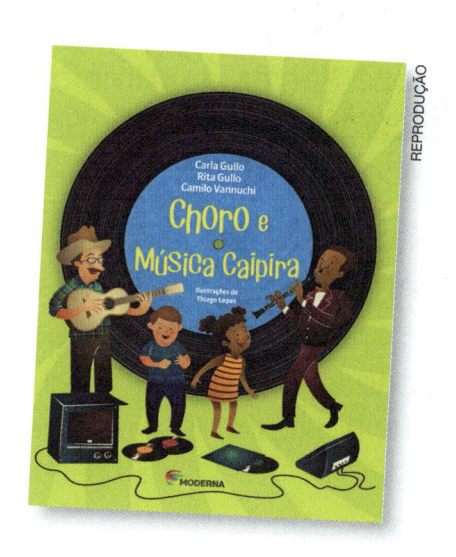

- **Massinha de farinha**, de Alda. São Paulo: Companhia Editora Nacional, 2005.

    Nesse livro, você verá como é fácil fazer massa de modelar usando apenas farinha, sal e um pouco de água. Aprenderá também a modelar diferentes objetos, como porta-retratos, molduras de quadros, porta-lápis e muito mais.

- **CordelÁfrica**, de César Obeid. São Paulo: Moderna, 2014.

    Por meio da literatura de cordel, o leitor fará uma visita às diversas culturas que atravessaram o Atlântico – vindas do continente africano –, fundiram-se em solo brasileiro e tomaram dimensões próprias. Para ilustrar toda essa riqueza de detalhes em forma de rimas, foi escolhida uma técnica de ilustração digital baseada na xilogravura.

- **José Ferraz de Almeida Júnior**, de Nereide Schilaro Santa Rosa. São Paulo: Moderna, 2009.

    Natural de Itu, São Paulo, Almeida Júnior é considerado o mais brasileiro dos pintores do século XIX. O trabalho de Almeida Júnior forma, junto com o de Aleijadinho e Tarsila, um triângulo que sustenta uma arte genuinamente brasileira.

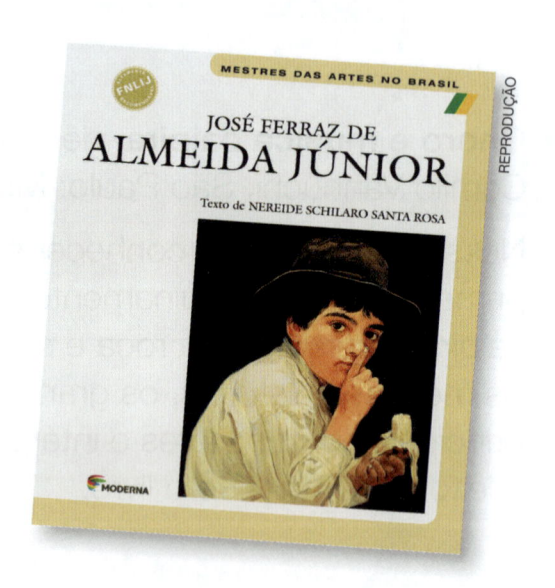

- **Pequena viagem pelo mundo da Arte**, de Hildegard Feist. São Paulo: Moderna, 2003.

    Essa é uma viagem no tempo e no espaço. Uma visita às cavernas da Pré-História, onde a Arte nasce há milhões de anos; aos palácios e templos de antigos impérios poderosos; ao mundo mágico do cinema, teatro, museus e bibliotecas. Por meio desse trajeto, a autora leva o leitor ao maravilhoso mundo da Arte.

- **Sete contos, sete quadros**, de Carla Caruso. São Paulo: Moderna, 2009.

    Nesse livro, o leitor encontra obras de arte brasileiras, histórias, ilustrações e muitas informações sobre a vida e a pintura de sete artistas que viveram no Brasil. É um convite a mergulhar no imaginário desses pintores por meio de suas obras feitas de cores, traços e pinceladas.

- **Antônio Francisco Lisboa – O Aleijadinho**, de Lígia Rego e Angela Braga. São Paulo: Moderna, 2000.

    O trabalho do escultor Antônio Francisco Lisboa, conhecido como Aleijadinho, foi um dos marcos da história da Arte brasileira. Suas obras mostram um estilo com características nacionais próprias.

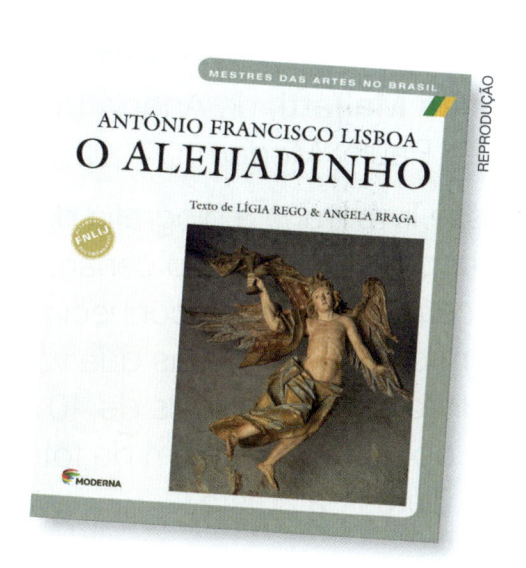

- **Papel machê**, de Muriel Damasio. São Paulo: Companhia Editora Nacional, 2005.

    Esse livro ensina os segredos do papel machê e como fazer cabides, flor colorida, serpente porta-cd, casal engraçado, abelhas e borboletas, carrinhos-surpresa, cofrinhos malucos, entre outros objetos interessantes.

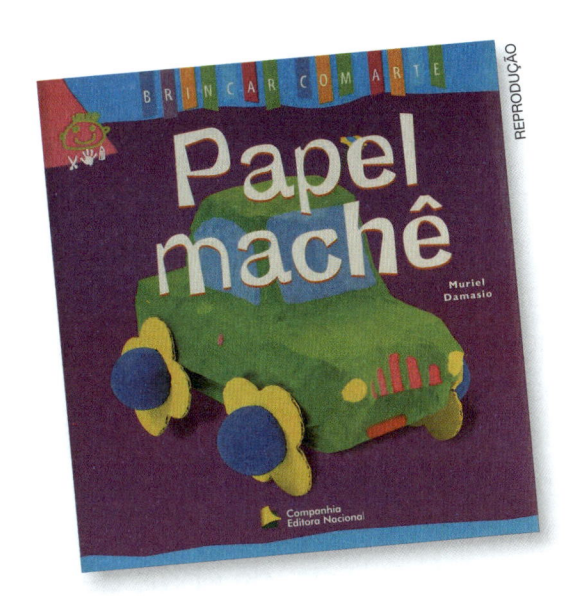

- **Minhas rimas de cordel**, de César Obeid. São Paulo: Moderna, 2002.

    Nesse livro, a cultura popular é contada em versos de cordel. Brincadeiras como "o que é, o que é?", crendices ou superstições, ditados populares, histórias engraçadas, tudo isso está aqui.

- **Anita Malfatti**, de Angela Braga-Torres. São Paulo: Moderna, 2002.

    Esse livro traça a biografia de Anita Malfatti, sua luta para firmar-se no cenário artístico nacional, mostrando que o reconhecimento nem sempre vem de imediato, mas que vale a pena persistir. O livro apresenta mais de 40 reproduções de obras de arte, além de fotos históricas e familiares da artista.

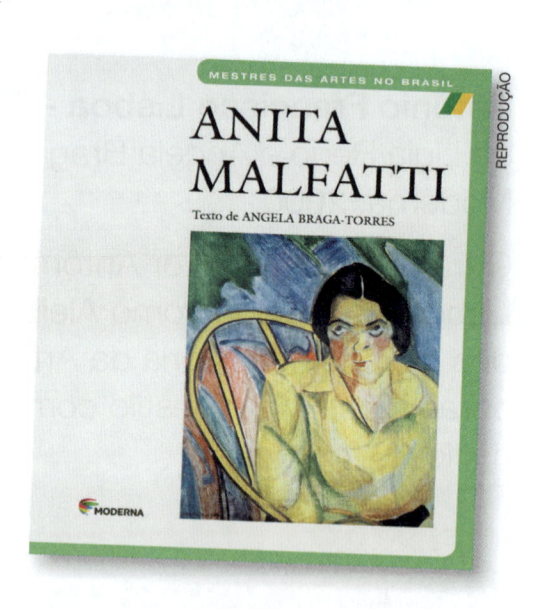

- **Vamos ao museu?**, Neusa Schilaro Scaléa e Nereide Schilaro Santa Rosa. São Paulo: Moderna, 2015.

    Você gosta de colecionar objetos? Sabia que foi assim que nasceu o primeiro museu? O museu é o lugar onde se guardam coisas que são importantes para a história de um país, de uma época e de um povo, no campo do conhecimento, da cultura, das tradições e das ciências. Existem museus de todos os tipos: de móveis, da língua de um país, de arte sacra, de fósseis, de obras de arte e muito mais.

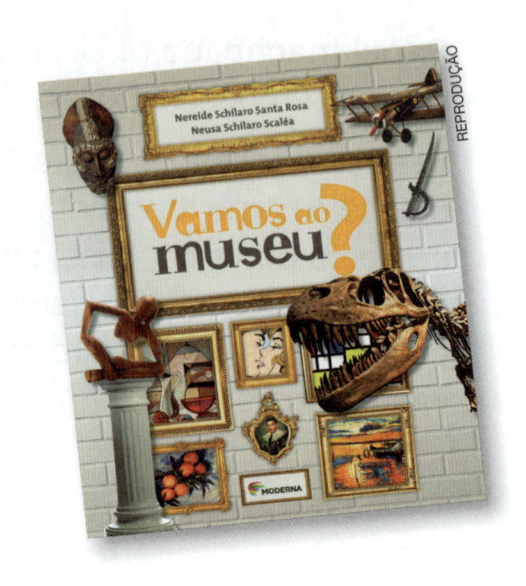